¿Cuándo la escuela no sirve?

TITULO ORIGINAL:
¿CUÁNDO LA ESCUELA NO SIRVE?

DEPÓSITO LEGAL 4-1-272-19

ISBN. 978-99974-0-913-3

REGISTRO SENAPI 1-1336/2019
REVISIÓN Y DIAGRAMACIÓN:
LIC. JUAN JOSE ZAMBRANA

TDG. EDGAR SIÑANI

DIBUJO:

CESAR GABRIEL TICONA FLORES
TELÉFONO: 2470716 CELULAR: 73273248

E-MAIL: henryman-manzano@hotmail.com

IMPRESO EN:

COLECCIONES CULTURALES EDITORES IMPRESORES
LA PAZ - BOLIVIA TERCERA EDICIÓN:
DERECHOS RESERVADOS.
IMPRESO EN BOLIVIA - PRINTEDIN BOLIVIA

¿CUÁNDO LA ESCUELA NO SIRVE? Es un libro que está dirigido a estudiantes, docentes, padres de familia, autoridades educativas y público en general. En este libro se realiza un análisis profundo sobre el papel que desempeña la escuela en una sociedad, el mismo que está condicionado por las estructuras de poder existentes, que hacen de la escuela un medio de imposición de verdades de los que tienen poder sobre los que no tienen poder.

A los que tienen el poder no les interesa la calidad educativa, solo les importa justificar el poder que tienen y el ejercicio de ese poder sobre los demás a través de la educación. Para ellos, la escuela debe responder a la coyuntura de poder, debe responder a los modelos económicos o modos de producción impuestos.

Por estas razones, en estos sistemas de poder, la escuela tiene determinadas características, que hacen de ella un campo de concentración en la que los estudiantes son los más perjudicados, y mucho más si la educación regular no se complementa con la educación superior.

La escuela llamada por excelencia a formar integralmente a los estudiantes, muchas veces, deja de lado ese su papel formador, porque existen intereses de grupos de poder de por medio, pasando a ser un ente deformador de los recursos humanos de un país. Fruto de esta situación, miles de jóvenes se frustran, ya que sienten que la escuela les dejó un gran vacío de conocimientos, habilidades y destrezas.

Los maestros que son los actores principales de cualquier sistema educativo, siempre deben estar al lado del pueblo, del cual son parte, para defenderlo, si el caso amerita, porque de lo contrario, el pueblo no tomará conciencia de su falta de libertad ni de la opresión del cual es objeto, a partir de la imposición de verdades que se da en la escuela.

El contenido de este libro, debe hacer reflexionar a estudiantes, profesores, padres de familia y autoridades educativas, sobre la importancia de encaminar de manera adecuada un sistema educativo; no debiendo ser bajo ninguna circunstancia, un sistema de represión y castigo, sino un medio de realización plena.

Este libro debe ser estudiado no por una obligación académica, sino por una necesidad de conocer las consecuencias de implementar un modelo o sistema educativo, que no responde a la transformación cualitativa de la realidad de los estudiantes, de sus familias y del país.

EL AUTOR

En cualquier sociedad del mundo, la educación juega un papel esencial en la formación de sus recursos humanos y si esta formación fue integral, estos aportarán al progreso y desarrollo de su sociedad, pero si una sociedad no le da la importancia necesaria a la educación, esa sociedad entrará en decadencia, en una profunda crisis espiritual y de valores.

Por eso es importante, elegir bien un modelo educativo que se implementará en un país, porque debe adecuarse a las características socioculturales un pueblo, para que sea sentida y forme parte de su identidad. Solo así, los modelos educativos brindaran calidad educativa a los recursos humanos de un país, transformando cualitativamente la realidad no solo de los estudiantes, ni de sus familias sino también de su país.

Los profesores que son los actores principales de los sistemas educativos, al ser parte del pueblo, nunca deben perder su espíritu revolucionario y crítico, mientras ellos estén de pie, no habrá sociedades ni pueblos sojuzgados ni oprimidos, por las grandes potencias mundiales o grupos de poder. Los pueblos se merecen modelos educativos que les den libertad, que los liberen de la opresión, pero sobre todo que les ayuden a progresar y desarrollarse.

La educación nos debe enseñar a pensar, no a obedecer ciegamente todas las verdades que nos imponen, el estudiante debe desarrollar su espíritu crítico, que implica observar lo que está mal (problema), pero a la vez, proponer soluciones a esos problemas.

Si bien en nuestro país existe una profunda crisis educativa, que se ve reflejado en la pérdida de valores y un alto índice de criminalidad, consumo de alcohol, drogas, prostitución y desempleo.

Por esta razón, es importante innovar nuevas estrategias

metodológicas que mejoren los procesos educativos, pero sobre todo, que busquen la felicidad de todos los miembros de la comunidad educativa, es decir, de estudiantes, profesores y padres de familia.

El problema educativo que es abordado en esta obra, llevará al ávido lector a conocer pasajes ocultos sobre esa realidad agazapada en nuestro país, bajo el disfraz de una educación de calidad.

Con una actitud valiente, el autor resalta que no existe complementariedad entre la educación regular y la educación superior, lo cual genera frustración en la mayoría de nuestros bachilleres.

En consecuencia, no queda más que felicitar al autor de esta obra, que aporta verdaderamente al análisis del problema educativo, porque es un estudio minucioso, profundo y serio, que busca mejorar a partir de la crítica, la calidad educativa en nuestro país. También busca reflexionar a las autoridades educativas, para que estas puedan tomar decisiones y acciones que puedan reconducir este maltrecho proceso educativo que viene de más a menos.

La Paz, abril de 2019

ALBERTO ILLIMURI RIOS
ENGLISH-TEACHER

AGRADECIMIENTOS:

Mi gratitud especial y sincera por las valiosas sugerencias, por la revisión crítica del libro, pero fundamentalmente por su apoyo, estímulo y comprensión, a las siguientes personas:

Al profesor Alberto Jhonny Laura Zegarra, por su colaboración en el capítulo titulado: "La escuela universal".

A la profesora Lupe Jovita Solíz Calle, por su colaboración en el capítulo titulado: "Neuroeducación y el papel de la escuela".

A mis estudiantes: Carol Velásquez, Yuri Zapata y Sthephanie Gottret.

Para ellos, mi más grande reconocimiento y gratitud.

CAPÍTULO I

EL SUPAY

Guillermo Francovich en su obra "Supay" [1935) señala: "Antes de la llegada de los españoles al Abya Yala, los indios adoraban a la Tierra como sustentadora de los humildes y al Sol como generadora de energía y vida. Al lado de estas dos divinidades que lo dominaban todo con su magnificencia, los indios rendían un culto temeroso a otra divinidad que era la encarnación de los maleficios: las enfermedades, la muerte, las tormentas y las sequias; eran dominio de ese pequeño dios solitario y destructor llamado Supay"[1]. Tras la invasión española no solo acaeció un choque cultural y étnico con lo ajeno, también hubo un encuentro entre deidades del Mal. El pequeño dios andino vio como Satanás torturaba a los seres humanos y como los extraños hombres esclavizaban y martirizaban sin piedad a los hijos del Sol. Entonces Supay, el dios del sufrimiento sintió una infinita piedad, volviéndose el protector de quien lo invocase. Es él quien libra a los indios de las enfermedades, seca sus lágrimas y los cuida.

En esta historia se puede ver que Supay cambió, de ser malo se convirtió en bueno, por una causa que era el sufrimiento del pueblo. En la realidad este sufrimiento se puede dar por diversas circunstancias, una de ellas y tal vez la principal es la ignorancia, que se da a partir de los sistemas educativos ineficientes y poco eficaces, que no responden a la realidad del pueblo, que busca mejorar su realidad a partir de una educación de calidad para sí mismos y para sus hijos.

Lamentablemente, se puede ver en la realidad, en el tema educativo, que la educación simplemente sirve para oprimir más al pueblo y para consolidar un status de poder de grupos que a lo largo de la historia de Bolivia, nunca les interesó la educación del pueblo.

---

1 FRANCOVICH, Guillermo (1961). Supay. Bolivia. Pág. 51

Esta educación del pueblo implica, no solo una conexión con la realidad interna, sino también una conexión con la realidad externa, debe estar relacionada con lo que podemos encontrar fuera de nuestras fronteras, a partir de que el mundo es completamente competitivo; así como el Supay se encuentra con una realidad diferente y ajena a su circunstancia y medio, pero que existe, y tiene que estar preparado para competir en ella, porque de lo contrario los estudiantes serán víctimas de su poca preparación e inocencia. Satanás representa, si hablamos sobre el tema educativo, lo externo, lo otro, con lo que se debe competir.

La educación debe ser un instrumento de lucha, de adaptación a situaciones nuevas y de transformaciones cualitativas. También debe combinar lo interno de nosotros con lo externo de los otros, lo científico con lo técnico y la ciencia con los valores.

Es difícil pedir, pero los que tienen el poder en el campo educativo, deben tomar en cuenta que lo nuestro debe competir con lo que tienen los otros, los de afuera; es por eso que la formación del pueblo y los hijos del pueblo debe ser integral, pensando en el bienestar no solo de ellos, sino también de nuestras sociedades y del mundo.

A partir del proceso de Globalización siempre habrá un choque económico, cultural y étnico, que generará competencia, que hace de la vida de los seres humanos una eterna competencia, donde solo los más preparados podrán seguir en carrera por la vida. Esta competencia es una consecuencia inevitable de los cambios políticos, económicos, sociales y culturales que se dan en el mundo. El calentamiento global, lucha contra el terrorismo, carreras armamentistas, tráfico de drogas, tráfico de órganos, uso comercial del mapa genético humano, alimentos transgénicos, deforestación de bosques, envenenamiento de ríos, escasez de agua, son solo algunos de esos elementos, que generan ese cambio.

Bolivia no es una isla, es parte de un Todo, y por esa misma razón, de manera directa o indirecta siente la influencia de esos cambios. Es por eso que la educación debe ser planteada, desde esos cambios que se dan a nivel mundial, no una educación muy nacionalista ni muy ensimismada en sus propios valores, sino debe ser una educación que se abra al mundo y a sus transformaciones.

CAPÍTULO II

LA ESCUELA UNIVERSAL

Edgar Morin nos habla de una **escuela universal**, apoyado en su **pensamiento complejo**, que se refiere a la capacidad de interconectar distintas dimensiones de la realidad, donde el sujeto se ve obligado a desarrollar una estrategia de pensamiento que no es reductiva ni totalizante, sino reflexiva. Este concepto se opone a la división disciplinaria y promueve un enfoque transdisciplinario y holístico, aunque sin abandonar la noción de las partes como constituyentes del "Todo".

El pensamiento complejo, por lo tanto, es una estrategia o forma de pensamiento que tiene la intención globalizadora de captar los fenómenos, reconociendo la particularidad de las partes. Se basa en establecer relaciones y complementos en el estudio del todo, mediante sus defectos y sus efectos, su movimiento y su quietud, tomando en cuenta la reciprocidad que tiene lugar entre éste y sus partes.

En la perspectiva epistemológica, no solo busca el cruzamiento, interpenetración e integración de diferentes disciplinas, sino que pretende borrar los límites que existen entre ellas, para integrarlas en un sistema único[2].

Morin, considera que la **educación del futuro** debe tener 7 pilares fundamentales.

1. Una educación que cure la **ceguera del conocimiento**, porque todo conocimiento conlleva el riesgo del error y de la ilusión, ya que el conocimiento humano es frágil y está expuesto a errores de percepción, debido a la influencia del medio sociocultural y a la distorsión que provocan las pasiones, sentimientos y emociones.

---

2 MORÍN, Edgar (2000). Los siete saberes necesarios para la educación del futuro. España. Pág. 51

2. Una educación que garantice **el conocimiento pertinente**, porque la educación del futuro debe enseñar una Inteligencia general y no particular, que priorice el contexto, lo global, lo multidimensional y la interacción compleja.

3. **Enseñar la condición humana**, porque la educación del futuro debe resolver las siguientes interrogantes: "¿Quiénes somos?, ¿Dónde estamos?, ¿De dónde venimos? y ¿A dónde vamos?

La educación deberá mostrar el destino individual, social, global de todos los seres humanos y nuestro arraigamiento como ciudadanos de la Tierra.

4. **Enseñar la identidad terrenal**, porque la perspectiva planetaria es imprescindible en la educación; pero no solo para percibir mejor los problemas, sino para elaborar un auténtico sentimiento de pertenencia a nuestra Tierra, considerada como última y primera patria.

5. **Enfrentar las incertidumbres**, porque la educación del futuro a partir de que existe incertidumbre sobre la validez de los conocimientos, debe servir a los estudiantes para que ellos estén preparados para cualquier tipo de cambio, porque la historia es dialéctica y porque no hay certeza sobre el futuro de los hombres y del planeta.

6. **Enseñar la comprensión**, porque la educación del futuro debe servir para generar comprensión y tolerancia entre los seres humanos, ya sea de manera interpersonal o intergrupal, o a escala planetaria. Los grandes enemigos de la comprensión y la tolerancia son: el egoísmo, el etnocentrismo y el sociocentrismo.

7. **La ética del género humano**, porque la educación del futuro debe enseñar una ética particular; pero también una ética válida para todo el género humano, que vaya en función de una ciudadanía terrestre.

La **ciencia** ha permitido la adquisición de conocimientos sin precedentes sobre el mundo físico, biológico, psicológico y sociológico, a través del uso de métodos de verificación empírica y lógica. Mitos y tinieblas parecen ser rechazados a los bajos fondos del espíritu por las luces de la razón; pero, sin embargo, el error, la ignorancia y la ceguera, progresan por todas partes, al mismo tiempo que nuestros conocimientos.

Hay una nueva ignorancia ligada al desarrollo mismo de la ciencia, ligada al uso degradado de la razón, que es el progreso ciego e incontrolado del conocimiento que se expresa en armas termonucleares, manipulaciones genéticas, alimentos transgénicos, caza indiscriminada de animales en peligro de extinción, tráfico de órganos, daños ambientales, contaminación de ríos, etc.

Se debe mostrar que esos errores, ignorancia, ceguera y peligros, mutilan los conocimientos, ya que son incapaces de reconocer y aprehender de la complejidad de lo real.

La **ciencia** trata de usar la razón como **instrumento de orden y progreso**, pero también de control, explotación y dominación, porque vela los intereses de grupos de poder. En ese afán destruye la naturaleza y contamina el medio ambiente, lo que es un franco atentado contra el planeta. Esta revolución poco razonable, salvaje y descabellada generó: destrucción de ecosistemas, mares contaminados, tierras infértiles, calentamiento global, deforestación y extinción de animales, etc.

Se debe mencionar como antecedente de este accionar poco racional, salvaje y descabellado de los seres humanos, el lanzamiento de bombas atómicas sobre las ciudades de Hiroshima y Nagasaki en 1945, que mató a más de 70.000 personas y causó otros 70.000 heridos en solo cuestión de segundos. Se calcula que en este conflicto bélico (II Guerra Mundial) murieron alrededor de 60 millones de personas. La bomba atómica fue producto de la más avanzada ingeniería nuclear de ese momento. También podemos mencionar el genocidio que se perpetró en el nuevo mundo, Abya Yala, donde más de 100 millones de nativos americanos perdieron la vida y sus tierras.

Morin aplica su pensamiento complejo al discurso político

que es generadora de conciencia y actos sociales, creando nuevos conceptos, como el de Estado, nación, socialismo, democracia, solidaridad, responsabilidad, libertad, igualdad y fraternidad. Finalmente, se introduce el concepto de la Tierra Patria, que engloba su teoría política del hombre como ser global.

El buen vivir y la felicidad son los temas fundamentales de la política, siendo el gobierno, el Estado y la sociedad, los pilares sobre los cuales se levantan los proyectos políticos. Lamentablemente, la felicidad en las sociedades contemporáneas, donde se conjugan las diferentes facetas de la naturaleza humana como el odio, el amor, el egoísmo y la solidaridad, ha pasado a ser una utopía rota, ya que no se alcanza el buen vivir.

La política está en crisis. Abundan guerras, destrucción y miseria, generando desesperanza, intolerancia y mayores diferencias. La humanidad en su devenir histórico a partir del desarrollo de la tecnología, se ha automatizado y mecanizado, volviéndose insensible ante el dolor y sufrimiento de muchos.

Morin apuesta por la posibilidad de un cambio, la recuperación de valores y la reivindicación de principios ecológicos y éticos, para aproximarnos a un proyecto político en donde comencemos a reparar los errores del pasado e iniciar un nuevo camino.

El progreso y la ampliación de los mercados, al no estar regulados ni por la política ni por la ética, son un peligro para la transformación cualitativa de las sociedades. La globalización de los mercados propiciada por el progreso científico y desarrollo tecnológico, ha creado centros de enormes riquezas, pero también grandes y crecientes zonas de pobreza, que provocarán crisis en cadena, llevando al mundo a un caos como el que se está viviendo en la actualidad con la crisis económica mundial. En todas partes la conciencia cívica retrocede; la violencia, la criminalidad y la corrupción carcomen a las sociedades; la ley de la venganza sustituye a la ley de la justicia y las **concepciones**

maniqueístas se apoderan de las mentes con disfraz de racionalidad.

[17]

CAPÍTULO III
LA EDUCACIÓN EN UN MUNDO GLOBALIZADO

La Globalización también llamada Mundialización afecta a los sistemas económicos nacionales, pero sobre todo a la **cultura**, que debe ser entendida como un desarrollo de las artes y de los conocimientos de un pueblo. La cultura debe ser entendida como: "La acción y expresión que adopta el hombre para mejorar su vida, de acuerdo a sus necesidades y forma de ser".

Existe una estrecha relación entre la cultura y la globalización, porque a partir de los años 60 hubo un masivo y acelerado avance tecnológico en telecomunicaciones y transporte, materializándose la sentencia del teórico canadiense, Marshall McLugan, quien predijo que el planeta se convertiría en una "Aldea Global"[3].

Al respecto Mahatma Gandhi afirma: "No quiero que mi casa tenga muros por todos lados y que mis ventanas estén obstruidas. Quiero que las culturas de todas las tierras vuelen por mi casa tan libremente como sea posible; pero me niego a que cualquiera de ellas me arroje por tierra y me desaloje de mi propia vivienda".

La globalización es más que todo económica y apunta fundamentalmente a la integración de mercados, que también venden cultura, productos culturales.

En este proceso de globalización existe una cultura de consumo, donde se condena todo al desuso inmediato, en una civilización donde las cosas importan más que las personas.

Para considerar los efectos que la globalización tiene sobre la formación integral del ser humano y sobre su cultura, hacemos mención al artículo escrito por Wade Davis, publicado en la revista "National Geographic", que señala: "El fenómeno de la globalización ocasionó una gran crisis cultural. No hay mejor forma de medir esa crisis que con el número de lenguas

desaparecidas. A lo largo de la historia han existido unas 10.000 lenguas, hoy sólo existen 6.000 habladas, de las cuales sólo 300 tienen más de un millón de hablantes y lo peor es que se calcula, que el próximo siglo podrían perderse la mitad de las lenguas que existen. Una lengua es mucho más que un conjunto de palabras o de meras reglas gramaticales, una lengua es en sí un destello del espíritu humano por la cual, una cultura se apropia del mundo, desaparece una lengua, desaparece una cultura".

Actualmente, se puede observar que los pueblos indígenas están librando una lucha desigual por la afirmación de su cultura y de su identidad, pero fundamentalmente luchan por la preservación de su tierra.

Alvin Tofler, en su obra: **"La Tercera Ola"**, señala que los pueblos se adaptaron a la **primera ola** que es **la agricultura**, también a la **segunda ola** que es **la industrialización**; pero a **la tercera ola**, que es **del conocimiento**, muy pocos se adaptarán ya que conlleva el aprendizaje de sistemas informáticos, de lo tecnológico y lo científico.

La educación en Bolivia, en especial de la educación superior, tampoco puede escapar de esa realidad global; si bien la educación regular debe estar destinada a valorar y precautelar la identidad y bienestar de los pueblos indígenas y originarios, eso no implica necesariamente que dejemos de aprender de los otros pueblos que cohabitan este planeta, aparte de que los conocimientos universales darán a los estudiantes las armas para competir en el mercado no solo nacional sino también internacional.

El sistema educativo boliviano debe comprender que la globalización hace que los conocimientos sean más universales que nunca, es por eso que la escuela debe trabajar sobre la realidad globalizante de sus estudiantes, que se ha apropiado de los adelantos tecnológicos, de la masificación de los medios de comunicación, en especial el internet y las redes sociales.

CAPÍTULO IV

EL MAESTRO Y EL ESTADO

En una escuela de Moscú, un maestro propuso el siguiente problema: "Si un individuo compra un objeto en 50 rublos y lo vende con una ganancia del 10% ¿Cuánto recibe?", el alumno más listo de la clase contestó de inmediato: "Tres años de trabajos forzados". Era la respuesta correcta en Rusia, porque allí las escuelas educaban a los niños para el comunismo. En Alemania y en Italia educaban a los niños para el fascismo.

Los gobiernos procuran que la educación sea la impulsora de que el sistema que favorece a los grupos de poder, se perpetúe, ya sea socialista o capitalista.

En Inglaterra, Estados Unidos y otros países, impera el capitalismo; es decir, el libre comercio para obtener ganancias, de manera que las escuelas fiscales preparan a las nuevas generaciones de acuerdo a su propio sistema. Y debido a que cualquier **educación verdadera** conduciría a una actitud que barrería con el sistema, el gobierno sustituye la educación con la enseñanza y los estudiantes se pasan doce o más años aprendiendo todas aquellas cosas que consoliden el sistema, que implica eliminar cualquier forma de pensamiento diferente.

Según A.S. Neill: "Aunque el maestro de primaria o secundaria cumpla bien su trabajo, el sistema capitalista desbarata la vida de los estudiantes que salen de esa enseñanza mecánica". En este sistema, las autoridades educativas obligan a los maestros a instruir a sus estudiantes para destruir todo aquello que es valioso en ellos, su personalidad. El maestro está atado de pies y manos por el sistema, o se adapta o debe retirarse. No obstante, los que se adaptan son héroes o insensibles, ya que el sistema educativo fiscal es una tragedia[3].

---

3 NEILL, A.S. (1978). Maestros problema y los problemas del maestro. México. Pág. 23

La mayoría de las escuelas son feas, se hallan atestadas y a menudo mal ventiladas y malolientes; nunca tienen espacio suficiente para que los niños puedan jugar; tienen la austeridad siniestra de las prisiones y cuarteles. Se conservan principalmente porque los ciudadanos, a quienes les bastaría pedir su reforma o su abolición, son los mismos que estuvieron sentados en esas viejas bancas de las escuelas antiguas en donde les enseñaron humildad y respeto al sistema. Por ello, nadie que haya estado sentado frente a un pupitre podrá ser completamente objetivo con respecto a la educación: el cruel sistema que soportó, lo castró desde su misma niñez, de tal manera que carece del anhelo de pensar en el sistema. La disciplina en la sala de clases hizo de él/ella un soldado ideal: un hombre que aprendió a obedecer. Ese es el problema de nuestras escuelas, producen con todo éxito siervos humildes y subalternos. Las escuelas fiscales deben producir mentalidad de esclavos, ya que tan solo así, éstas podrán evitar que el sistema sea barrido.

El maestro no tiene libertad de pensamiento, no puede decir muchas veces lo que siente, porque no quiere tener problemas con las autoridades competentes que lo controlan, vigilan y buscan sancionarlo. Sería interesante saber lo que sucedería si un maestro se dirigiese a sus estudiantes una mañana diciéndoles:

"El principal deber de esta escuela es el de obtener esclavos asalariados y obedientes. Yo me paso la vida enseñándoles a ustedes divisiones de numerosas cifras que equivalen a dinero que jamás tendrán. Mi tarea es procurar que aprendan a leer y escribir para que más tarde, cuando pasen al dominio de esos grandes maestros, los dueños del sistema, ustedes aceptarán lo que ellos quieran. Mi cometido es el de disciplinarlos, lograr que me respeten, porque yo represento la autoridad y ustedes deberán pasarse la vida obedeciendo a la autoridad. Al llamarme "señor", se están preparando para su vida de inferioridad y servilismo. Si les hablo del país, será con la esperanza de que lleguen a ser buenos patriotas y morir placenteramente para proteger a su país que está más allá de las mugrientas paredes en la que transcurrirá su vida. En resumen, muchachos, depende de ustedes que nuestro sistema capitalista de clases, de ricos y pobres, de explotadores y explotados, continúe hacia un mayor esplendor".

El golpe maestro del sistema en su política educacional es la educación secundaria, que eleva a niños de la clase trabajadora hasta empleos de cuello blanco, dentro de las profesiones burocráticas, pedagógicas, médicas y demás. De esta manera, se resta a los trabajadores lo mejor de sus elementos, tanto masculinos como femeninos, dándoles una posición social y un sitio dentro del sistema capitalista, al vincular sus intereses con los de la clase gobernante, suministrándoles la filosofía brutal de "ascender en la vida es un alto propósito".

Hoy se enseña a los niños de los trabajadores a obedecer los dictados de la clase dominante. Esto puede cambiar, siempre y cuando, los maestros se identifiquen con todos los demás trabajadores explotados y sojuzgados del país.

Según Filloux: "En un mundo como éste, en el que se utiliza a la enseñanza para serle útil a un sistema que pisotea los derechos del hombre, la escuela tiene como nunca la responsabilidad de producir ciudadanos para el cambio y no clones".

CAPÍTULO V

LA ESCUELA COMO MEDIO DE IMPOSICIÓN DE VERDADES

El ser humano a través de la filosofía y la ciencia, hace que exista lo verdadero y lo falso; pero también se formula el siguiente cuestionamiento: **¿podrá el ser humano conocer realmente lo que es verdadero y lo que es falso?** En ese marco, también habría que preguntarse: **¿qué es la verdad?**

Según **Foucault**, filósofo francés: **"La verdad, es la interpretación de la realidad, por parte de aquellos que tienen poder"**, es decir que los que tienen el poder político y económico son los que determinan la verdad (conocimiento) en una sociedad y esta verdad, a su vez, la imponen a los que no tienen poder.

Los que tienen el poder emplean su razón para imponer y someter a los otros seres humanos a una verdad, a la verdad que es interpretada por ellos; pero donde exista imposición de verdades por parte de aquellos que tienen poder, siempre existirá un atisbo de búsqueda de libertad en cada sujeto, por lo tanto, **"donde exista imposición del poder siempre habrá resistencia a ese poder"**. Todo esto, representa **las relaciones de poder**[4].

Por esta razón, el hombre moderno ha desaparecido, **ha muerto**; no está ligado a **la verdad del mundo**, porque simplemente se ha convertido en una mercancía, en un objeto, ya que está sujeto a la verdad que le imponen los que ostentan el poder.

El poder para imponer su verdad en una sociedad, se apoya en instituciones como ser: los cuarteles, las cárceles, los hospitales, el manicomio, **la escuela** y el taller, que se constituyen en instrumentos disciplinarios que **someten el cuerpo y la mente** de los otros seres humanos.

---

4 MANZANO, Henry (2019). Filosofía interpretada y revolucionaria. Bolivia. Pág. 153

"*Hoy se enseña a los niños trabajadores a obedecer los dictados de la clase dominante*"

Alexander Neill

Por esa razón, el poder crea **sociedades disciplinarias**, que tienen la finalidad de **clasificar, vigilar, controlar y sancionar a los hombres que no tienen poder**; regular su conducta, someterlos, comprobar su presencia y ausencia; conocer sus tendencias, necesidades e intereses, y crear **registros** sobre ellos. Estas sociedades casi siempre responden a la coyuntura, responden a los intereses y necesidades de los que tienen el poder.

La **escuela**, al igual que las fábricas, hospitales, cuarteles, manicomios y cárceles, es un **instrumento de dominación de los que tienen el poder**, sobre los que no lo tienen, ya que tiene la finalidad de regular la conducta de las personas, para hacerlas más dóciles y útiles para los que tienen el poder.

El poder a través de **la escuela controla el saber y los valores sociales**. Quienes no aceptan lo que es tenido como cierto y verdadero por los que tienen el poder, son castigados, reprobados y expulsados, pues no consolidan el orden social que se pretende imponer.

En la escuela, **el maestro y el estudiante están controlados, vigilados y sancionados; hay miedo**, ya que deben cumplir con un programa o verdad interpretada, impuesta por otra **institución de poder** (Ministerio de Educación), que a su vez representa a un poder mayor.

Los **exámenes** que se dan en **la escuela** combinan las técnicas de vigilar y sancionar. Es una mirada normalizadora y unificadora, una vigilancia que permite calificar, clasificar y castigar, estableciendo de manera visible **las diferencias entre los individuos**.

En el examen vienen a unirse la ceremonia del poder, la forma de la experiencia, el despliegue de la fuerza y el establecimiento de la verdad. **La superposición de las relaciones de poder y de las relaciones de saber**, adquieren en el **examen** una notoriedad que se puede visibilizar. Por medio del examen, el poder impone su verdad.

CAPÍTULO VI
PROSTITUCIÓN INTELECTUAL

La **escuela** al pertenecer a **la superestructura** que es un reflejo de **la estructura**, debe responder a ésta, es decir, al **modelo económico** imperante en una sociedad. Los modelos educativos del sistema escolar están condicionados por la base económica, produciéndose, de esta manera, una **alienación cultural**, una **prostitución intelectual** de **muchos profesionales**, que sin ser o ser docentes tienen que adecuar su pensamiento al **lineamiento ideológico** que conlleva cualquier **modelo educativo**.

Los que tienen el **poder** determinan e imponen el tipo de modelo económico en una sociedad, y ese mismo hecho, hace que ellos puedan también determinar en la superestructura, el tipo de **educación, modelo educativo**, salud, religión, deporte y normas, que están en función de sus intereses y necesidades. Con esto se produce una alienación de la conciencia de los seres humanos que forman parte de manera directa o indirecta de la superestructura, debido al poder del dinero y al poder político.

El **mundo** se presenta como un enorme manicomio en el que **todo se vende**, incluso la conciencia del hombre. La escuela, que es creación humana, aparece deshumanizada, por la injerencia económica de sus financiadores que son: El Estado y grupos de poder; y con ello, la sociedad pierde sentido y lucidez. Esta **alienación del dinero** sobre el ser humano y la escuela, convierte el poderío social en poderío privado de particulares.

Esto se plasma en el **"Timón de Atenas"** de Shakespeare, que dice:

"¿Oro? ¿Oro? ¿Precioso metal, fascinante? Con él se torna blanco el negro y hermoso el feo; bueno el malo; joven el viejo; valiente el cobarde; noble el ruin; bendice al maldito; hace amable la lepra; honra al ladrón y le da rango, pleitesía e influencia en el consejo de senadores; conquista pretendientes a la viuda vieja y encorvada. ¡Oh! Maldito metal, vil ramera de los hombres"[5].

Los que tienen el poder en el campo educativo, alienan la conciencia de sus dependientes y subalternos; alienan a los que no tienen el poder necesario para enfrentarlos (ministros, viceministros, departamentales, distritales, directores, profesores y administrativos), ya que les imponen su **verdad, un modelo educativo**, una verdad interpretada por ellos. Los que no tienen el poder se alienan muchas veces por **necesidad** laboral y económica; que genera en ellos, dependencia.

Los que tienen el poder impulsan y sostienen la **educación fiscal y de convenio**, para justificar su poder a través de su verdad, aparentando que les interesa la educación de los otros, es decir, del pueblo, que tiene el verdadero poder; pero, lamentablemente, casi siempre se encuentra aletargado y dividido, sin poder ni fuerza, para luchar por su libertad.

También dan paso a la educación privada, para reducir el gasto público, mostrarse amplios y congraciarse con los otros que tienen poder económico y político. Estas instituciones educativas deben cumplir al pie de la letra, la **verdad educativa** que les imponen los que ostentan el poder, bajo pena de ser sancionados económica (multas) y administrativamente (clausura), que van en perjuicio de los estudiantes y de sus familias, aquí se establecen las relaciones de poder.

A los que tienen el poder poco o nada les importa la calidad educativa, la formación de profesores que enseñan en **su sistema educativo**, copian modelos educativos de otras realidades, **gastan millones en implementarlo**, buscan incorporar profesionales de otros rubros, como psicólogos, sociólogos, antropólogos, cientistas educativos y parvularios; así como profesionales de centros tecnológicos, no para mejorar la calidad

---

5 SHAKESPEARE, William (1986). Timón de Atenas. España. Pág. 87

educativa sino para **dividir** al sector del magisterio, para luego imponer cualquier reforma en el sector y desligarse definitivamente del gasto público que representa la educación

para el Estado.

Los que tienen el poder no hacen caso a los que no tienen poder, hacen caso a los tienen más poder que ellos (De afuera), que a título de sugerencia imponen modelos educativos, como lo fue la 1565 apoyada y financiada por el Fondo Monetario Internacional y el Banco Mundial, instituciones internacionales que representan los intereses económicos de las grandes potencias mundiales.

También impulsan cursos de formación complementaria como licenciaturas o post-grados, simplemente para mantener a los **docentes ocupados, controlados y vigilados,** pero sobre todo para generar división, clases y jerarquías dentro de un mismo sector. "Divide y reinarás", ese parece ser el lema y la consigna de los que tienen el poder.

CAPÍTULO VII

LA PEDAGOGÍA DEL MIEDO

Cuando en una sociedad hay explotación, opresión y violencia surge la lucha de los oprimidos contra los opresores, es decir, contra los que tienen el poder, porque son dos fuerzas antagónicas que se contraponen, pero en el caso de los opresores con una enorme ventaja, ya que su verdad se encuentra alojada en la conciencia de los oprimidos, los que no tienen poder.

Los que tienen el poder, es decir, las clases dominantes, generan una negación del crecimiento y desarrollo de los hombres, ya que impiden la formación integral de los oprimidos, buscan que su formación sea muy limitada, determinando e impulsando modelos educativos, que poco o nada contribuyen al desarrollo de los recursos humanos de un país.

Los oprimidos a partir del reconocimiento de su opresión, buscan liberarse de sus opresores; pero al liberarse a sí mismos a través de la educación y el dialogo, también están liberando a sus opresores, esa es su gran tarea humanista[6].

Para resolver el problema de la deshumanización, se necesita eliminar la contradicción entre opresores y oprimidos que es funcionalmente domesticadora y reguladora de la conducta de los oprimidos. Si no se resuelve esta contradicción, la realidad social seguirá siendo opresora, donde los oprimidos solo aceptarán la verdad que se les impone por **miedo** a las sanciones, que impedirá una formación integral.

Esta contradicción solo se superará cuando los oprimidos hagan de la opresión y sus causas, objeto de reflexión, que generará en ellos su compromiso de lucha (praxis revolucionaria), para conseguir su libertad y la transformación cualitativa de su realidad (mejores condiciones de vida, trabajo, salud y educación).

Los que tienen el poder instauran la violencia, una **pedagogía**

---

6 FREIRE, Paulo (1970). Pedagogía del Oprimido. Uruguay. Pág. 76

del miedo, que debe ser entendida como un proceso de imposición de verdades, que pasa de una generación de opresores a otra, y que crea en el opresor una conciencia fuertemente posesiva del mundo y de los hombres. Los que tienen poder para mantenerse en el poder **controlan, vigilan y castigan** a los que no lo tienen.

De ahí que la conciencia opresora tiende a transformar en objeto de su dominio todo aquello que le es cercano, como ser: la tierra, los bienes, la producción, **la escuela, los sistemas educativos**, la religión, los hombres mismos, reduciéndose todo a objetos de su dominio.

En esta ansia irrefrenable de posesión, desarrollan la convicción de que es posible reducir todo a su **poder de compra**. De ahí su concepción estrictamente materialista de la existencia. **El dinero** es para ellos, la medida de todas las cosas y el lucro, su objetivo principal. **"Ser"**, para los opresores, es equivalente a **"tener"**.

En un régimen de dominación de conciencias, se puede ver que los que más trabajan y en las peores condiciones, no pueden decir su palabra, ya que los dominadores tienen **el monopolio de la palabra**, que les permite engañar, amenazar y dominar a los que no tienen el poder. En esa situación, los dominados para decir su palabra, tienen que luchar contra los opresores, que retienen y niegan a los demás el uso de la palabra a través de la amenaza (pedagogía del miedo). Decir su palabra equivale a asumir conscientemente, como trabajador, padre de familia, profesor y estudiante (oprimidos), la función de ser sujetos de su historia, en colaboración con el pueblo.

El uso de la palabra genera diálogo, pero este diálogo debe ser sincero y horizontal, fundado en el amor, que es la esencia de una educación para la libertad. Este diálogo implica dar una mejor educación a los oprimidos, que nos da a entender que existe un acuerdo entre opresores y oprimidos. Los oprimidos a través del diálogo consiguen su libertad. Por lo tanto, la libertad de los

hombres se debe dar en comunión, entre opresores y oprimidos.

La educación auténtica no se hace de A para B o de A sobre B, sino de A con B mediatizados por el mundo. El diálogo empieza con la búsqueda de contenidos programáticos, que deben estar relacionados con la realidad y contexto de los educandos; por consiguiente, tanto educadores y educandos deben consensuar los contenidos que se van a tocar en clases.

No hay diálogo si no hay profundo amor al mundo y a los hombres. No es posible la construcción de un mundo mejor, sino existe amor que lo sustente, siendo el amor fundamento del diálogo. Un diálogo no puede fundarse en una relación de dominación, sino debe fundarse en el amor, es decir, en una relación sincera y horizontal, porque de lo contrario se estaría implementando una **pedagogía del miedo**.

CAPÍTULO VIII
SIN EMANCIPACIÓN NO HAY EDUCACIÓN

La crisis de la escuela no es más que el reflejo de la crisis del mundo contemporáneo, un mundo que cambia, sin que muchas veces ese cambio sea sinónimo de mejora. La polémica en torno a la escuela, considerada por unos como instrumento de liberación y de transmisión verdadera de conocimientos, y por otros como una institución que perpetúa la sumisión y el sistema establecido, se sujeta a ciertos parámetros como el de la **emancipación**.

El triunfo o el fracaso de la educación están en manos de todos los actores del hecho educativo y del pueblo en su conjunto. La educación boliviana, ciertamente, ha sido secuestrada por los intereses políticos de los sujetos que la poseen para su beneficio propio; pero el triunfo de esos sujetos, de esas instituciones, de esos intereses, radica en habernos convencido, que la educación que ellos promueven en el país es buena y saludable. Puede ser mala, mediocre, buena o en proceso de cambio, pero ellos (los que tienen poder) nos meten la idea de que es una buena educación; pero, si este proceso educativo no busca la **emancipación del pueblo, no es educación**[7].

La escuela tiene una función social, convertir a las nuevas generaciones en personas parecidas a la vieja generación, de ahí que es estrictamente **conservadora**. En la educación tradicional no existían los niños como educandos, ya que aprendían todos sus conocimientos de su contacto con los adultos, incluyendo su oficio.

Durante muy largo tiempo las escuelas han sido algo reservado a unos pocos, pero a partir de los inicios de la Revolución Industrial, la mano de obra infantil en las fábricas empieza a ser innecesaria. Es en ese momento cuando se comprende que no es conveniente que los niños; estén en las

---

7 ADORNO, Theodor (1970). Educación para la emancipación. España. Pág. 93

calles y que escolarizarlos podría ser algo beneficioso. Como es bien sabido, la implantación de la **escolaridad obligatoria** se realizó dentro de una intensa polémica, en la que unos señalaban que dar educación a todos no era aconsejable, pues podría trastocar el orden social, mientras que, otros sostenían que la escuela podía ser el mejor lugar para socializar a los individuos, para transmitir los valores deseables y, en una palabra, para convertirlos en **individuos sumisos**. Esta última posición es la que se impuso.

Por su propia historia, la escuela actual es el resultado del conflicto entre esas dos tendencias, y a ello se debe su carácter contradictorio: por una parte, se sustenta en la idea de la ilustración de que la cultura y el saber son bienes en sí mismos y que, por ello, la escuela libera; por otra, en la idea de que el mejor lugar para convertir a los individuos en seres uniformes y para mantener el orden social es la escuela.

Así pues, mientras que por un lado se sostiene que en la escuela se adquiere el saber, la libertad y la capacidad de pensar, por otro todo el mecanismo de transmisión se funda en la sumisión (al libro o al maestro) y el aprendizaje se produce de una manera completamente pasiva. Alguien distinto de quien aprende establece las condiciones en que se lleva a cabo el aprendizaje y la tarea del individuo se reduce a repetir.

Actualmente en los países desarrollados, se ha conseguido una escolarización plena, que tiene una duración aproximada de 8 a 12 años. Los niños y jóvenes permanecen mucho tiempo en la escuela, sin embargo, vemos que los resultados, desde el punto de vista de lo que se aprende, no son satisfactorios, pues los individuos sólo aprenden una mínima parte de lo que se les transmite.

El hecho de que se aprenda tan poco y tan mal en relación con lo que se enseña, el hecho de que sistemáticamente obtengan mejores resultados los hijos de individuos de clases acomodadas que los de clases humildes, el hecho de que en vez de ser un instrumento que favorezca la movilidad entre las clases sociales, mantiene las diferencias de clase, el hecho de que el aprendizaje escolar se identifique por los alumnos con el trabajo tedioso y que la mayor parte de los adolescentes detesten la escuela, nos obliga a reflexionar sobre cuáles son los fines de la educación en la actualidad.

A menudo se defiende que es necesario **alargar la escolarización** porque los conocimientos que un individuo necesita son cada vez mayores y más complejos. Efectivamente, hoy resulta imposible desenvolverse en las grandes ciudades sin saber leer y escribir. La vida social es igualmente cada vez más compleja, cada vez hay más máquinas, más aparatos, los progresos de la ciencia son grandes, la vida administrativa es una pesadilla, y por todo ello se sostiene que los individuos tienen que aprender cada vez un mayor número de cosas. Sin embargo, análisis recientes van mostrando cómo desde el punto de vista del trabajo las necesidades de formación son cada vez menores, porque las tareas que los individuos realizan van siendo más simples. Se produce una tendencia a la división de las actividades productivas en partes y un número creciente de individuos sólo tiene que realizar tareas de una enorme simplicidad, para las cuales no necesitan ninguna preparación larga. La producción en cadena, la maquinización del trabajo, van exigiendo menores habilidades en los individuos, que sólo realizan funciones de control. Así pues parece innegable que para una parte creciente, y en todo caso muy grande, de la población que trabaja directamente en la producción, las necesidades de conocimientos para realizar su trabajo son progresivamente menores. Desde este punto de vista, no resulta justificado decir que es necesario prolongar la escolaridad.

En realidad, si en la escuela se aprende poco, no debería sorprendernos. En la escuela, el niño tiene que adquirir una serie de hábitos sociales que le van a preparar esencialmente para su vida posterior; aprende allí a someterse a la autoridad del maestro, a creer las cosas porque, se las dicen y a realizar sistemáticamente una serie de tareas, no porque entienda que las tiene que realizar y que le resultan interesantes, sino porque alguien le dice que debe hacerlo. Aprende también a levantarse a una hora determinada, a cumplir un horario, a tener vacaciones, a diferenciar trabajo y ocio. La educación es fundamentalmente heterónoma y no autónoma, porque la autonomía es peligrosa para el sistema.

Esa esterilidad y desconexión del aprendizaje escolar con la vida, se ve todavía de forma más aguda cuando examinamos la educación en países en vías de desarrollo, que han recibido los sistemas educativos de los colonizadores. En países miserables, con nivel de vida bajísimo, con un desarrollo industrial muy escaso, se está proporcionando a los chicos una instrucción calcada de los países desarrollados: se está enseñando álgebra o historia del mundo occidental a chicos que viven en un contexto completamente distinto y a los que no se ayuda a entender su propia realidad. Es claro que la función de esos conocimientos no es ayudar a desarrollar intelectualmente a esos chicos, ni convertir la cultura en un arma de transformación de su medio, sino seguir manteniéndolos sometidos e implantar en ellos el respeto hacia los occidentales que continúan siendo los amos. A esos chicos hay que comenzar a enseñarles a cultivar la tierra, a fabricar muebles con los productos que tienen a su alrededor, a aplicar la tecnología a su ambiente y, a partir de esos conocimientos concretos, ir mostrándoles cómo la cultura puede ser un arma de transformación social, pero para eso es necesario, que la educación se relacione estrechamente con los problemas del ambiente.

La educación tiene que vincularse igualmente con el desarrollo intelectual del alumno y contribuir a él. Los niños no entienden los conceptos abstractos que se les transmiten porque no se tiene en cuenta su desarrollo intelectual, porque se les enseña igual que a los adultos, sin tener en cuenta que son individuos que no han completado su desarrollo intelectual y que tienen que completarlo al mismo tiempo que están formando sus conocimientos.

CAPÍTULO IX
EL FRACASO DE ESCUELA

John Holt, en su obra: **"El fracaso de la escuela"** critica el papel de la escuela en la sociedad. Para él, la nueva escuela como institución educadora, debería tener las siguientes características: "Dejar que los niños sean los planificadores, directores y asesores de su propia educación; con la guía de personas de mayor experiencia y pericia, para que decida qué es lo que quiere aprender, cómo y cuándo". Para esto se debe transformar la escuela, de lo que es actualmente, **una cárcel para niños**. Se debe transformarlo en una fuente de aprendizaje libre e independiente, con libre acceso a cualquiera que quiera estudiar.

La educación, es algo que cada uno debe conseguir por sí mismo, es todo aquello que contribuye a aumentar la comprensión del mundo y a desarrollar la personalidad de los estudiantes. Los estudiantes deben estudiar en libertad, con dignidad y ser valorados con personas en formación.

De acuerdo con estos objetivos, la escuela debería **"transmitir"** a los estudiantes las tradiciones y valores superiores de su propia cultura, familiarizarse con su mundo, entorno y prepararlos para el trabajo. Las escuelas no realizan bien ninguna de estas funciones, ya que hasta ahora no lograron convertir el aula en algo diferente, un lugar donde los niños puedan encontrar paz y felicidad; más al contrario lo que encuentran es crueldad, pero no lo advierten por la inocencia que tienen; por esa razón, no se defienden del daño que les infringen en las escuelas, porque desconocen lo que se les está haciendo, aprenden que no valen nada, que no son dignos de confianza, que sólo sirven para obedecer órdenes y que están expuestos, como una hoja blanca, a que otros "escriban" en ellos. En la escuela los moldean, "sin ninguna posibilidad de averiguar cómo son, y de desarrollar su personalidad cualquiera que ésta sea", aceptando la evaluación que hacen de ellos los adultos, sin tomar en cuenta las diferencias individuales que existen y sin tomar en cuenta que todos aprenden

de distinta manera.

En la escuela los profesores siempre tienen la primera y última palabra; es una escuela de **monólogos y de silencios**, donde el docente impone su verdad, a través de las lecciones magistrales; pero el auténtico aprendizaje se produce sólo cuando el que aprende desempeña un doble papel, cuando es al mismo tiempo alumno y profesor, actuante y crítico, oyente y hablante.

El **examen** constituye otro factor negativo en el proceso educativo, sólo favorece al estudiante mejor adaptado al estilo de enseñanza del docente, en desmedro del que trabaja concienzudamente, pero menos rápido. La experiencia demuestra que las buenas calificaciones no garantizan la mejor formación de los niños y adolescentes; de ahí que uno de los mayores prejuicios que el sistema de exámenes puede acarrear a los niños, es negarles "la posibilidad de juzgar la validez de su propio trabajo".

La **asistencia obligatoria** de los estudiantes, es otro de los factores que contribuye al fracaso de la escuela actual, ya que la permanencia en las aulas resulta ser muy tediosa, representa para el educando una amenaza, represión, claustrofobia y falta de libertad.

En los centros educativos se produce una "des-educación" de los niños, a través de la competitividad, los exámenes, del ordenamiento rígido, de los monólogos magistrales, de aprendizaje repetitivo y mecánico. Todo ello mina los cimientos de la auténtica educación para atentar a los dos grandes principios del hacer escolar: la libertad y la comunicación. La auténtica educación se mueve en las coordenadas de la individualidad personal y de la convivencia social: paz, trabajo, descanso, libertad, lucha contra el racismo y cuidado del medio ambiente.

En la escuela, se debe **liberar a los niños** de los grilletes de las doctrinas y de las autoridades de mentes limitadas, ya fueran religiosos o seculares. Tiene que haber libertad de pensamiento e investigación, pero para esto, se tiene que eliminar los condicionamientos e influencias deshumanizantes de los sistemas escolares.

Holt afirma: "No sé cómo hemos llegado a concebir la disparatada idea de que una clase aprenderá mejor si todo el

mundo aprende lo mismo y al mismo tiempo. Como si una
clase.

CAPÍTULO X
EL ASESINATO DEL INDIO EN LA ESCUELA

De acuerdo a María Rosas (2009), los incas tenían un gran Estado y modelo educativo, que estaban formadas por una gran cantidad de familias relacionadas entre sí. En poco menos de 100 años más o menos 1438-1533 los incas conquistaron las tribus vecinas y la pusieron bajo su dominio. Los incas fueron la última y más grande civilización de Sudamérica, lamentablemente con la llegada de los europeos, la civilización incaica desapareció.

De esa manera podemos inferir que la cultura Inca, juntamente con su sistema educativo del **Yachaywasi,** desparecieron por causa de la conquista.

Según el **Inca Garcilaso de la Vega** : "El Inca Manco Cápac yendo poblando sus pueblos, enseñaba a cultivar la tierra; así como construir casas y sacar acequias, y hacer las demás cosas necesarias para la vida humana. Les iba instruyendo en la urbanidad, compañía y hermandad que unos a otros se habían de hacer, conforme a lo que la razón y la ley natural les enseñaba persuadiéndoles con mucha eficacia, para que entre ellos haya perpetua paz y concordia y no naciesen enojos y pasiones, hiciesen con todos lo que quisieran que todos hicieran con ellos, porque no se permitía querer una ley para sí y otra para los otros. Mandó a recoger el ganado manso que andaba por el campo sin dueño, de cuya lana los vistió a todos, mediante la industria y enseñanza que la reina Mama Ocllo Huaco había enseñado a las indias en hilar y tejer. Enseñó a hacer el calzado que hoy traen, llamado usuta. Para cada pueblo o nación de las que eligió un curaca que es lo mismo que cacique. Mandó que los frutos que en cada pueblo se cogían se guardasen en junto para dar a cada uno lo que hubiese menester". En estas tradiciones educaba cada familia a sus hijos.

Los mayas y aztecas tenían especial cuidado y orden en la crianza de sus hijos, entendiendo que esta crianza e instrucción generaba desarrollo y progreso.

La educación se llevaba en cada familia, no solo de los reyes, nobles, caciques o principales, sino en todo el pueblo. "Hijo mío, joya mía, mi rico plumaje de quetzal". Por ello son frecuentes los poemas didácticos entre los pueblos americanos: "Señor, mira su arco y su haz de flechas, es de mi hijo, oh Señor. Cuando él crezca, te dará una ofrenda de papel, oh Señor". "Tú, mi hijo, debes casarte con una que tiene madre, que tiene padre. Su madre, su padre no querrán dar a su hija a un sujeto excesivamente pobre. Debes esforzarte por despertar temprano, por ser activo en la ejecución de tu trabajo" Era proverbial la eficacia de la educación prehispánica, en cuanto al cumplimiento de las reglas sexuales, la veracidad de la palabra, el respeto del bien ajeno.

En la actualidad, nuestra sociedad atraviesa por una crisis estructural social; existe crisis en el mercado de trabajo, en el sistema administrativo, en el sistema Jurídico, en la familia, en las instituciones sociales, políticas, religiosas, en la jerarquía de valores, en las ideologías y especialmente en la educación.

Por todo ello, Fausto Reinaga señala: "la escuela es una fábrica, como la fábrica de zapatos o automóviles; en el aula se hacen los hombres. Se educan y se forman bajo un modelo". El cerebro del niño se moldea en una horma como un sombrero.

Programa y planes; director y profesores son elaborados y hechos en una horma del Ministerio de Educación.

Las casas se edifican con un plano, la enseñanza se imparte también con un plano, se halla planificada. La enseñanza del indio no está planificada, pero, ¿planifica el indio? y la respuesta es **no**. Planifican sus enemigos mortales: el gringo técnico, el gringo cura y el cholaje gamonal blanco-mestizo.

¿Y quiénes son los profesores del niño indio? Los ex terratenientes y los feroces gamonales, los verdugos del indio.

No importa que el maestro ex terrateniente y gamonal sea semialfabeto o analfabeto; el asunto es que debe ganar un sueldo y meter el veneno del odio en el cerebro del niño indio. Odio ¿Contra quién?, contra el indio. La escuela para el niño indio es la escuela del odio, odio a su nombre, odio a su sangre, odio a su lengua, odio a su piel, odio a sus dioses, odio a sí mismo; en suma: odio a su raza y su cultura.

Los profesores ora incubados en las Normales Rurales, ora improvisados y escogidos de entre los lobos, de la casta ex latifundista gamonal; son, unos y otros, respecto a la maravillosa y milenaria cultura del indio, verdaderas montañas de ignorancia; unos y otros creen que el cerebro del indio es un papel blanco, donde se puede escribir y en castellano todo lo que contiene el programa del ministerio de educación.

El propósito fundamental de la "Escuela campesina" es hacer del niño indio un mestizo europeizado. Poner en el niño indio, en lugar de su cerebro otro cerebro, significa, hacer de su persona otra persona. Cambiar su cultura vital por otra cultura ajena y artificial, es matar una cultura natural y milenaria, poniendo en su lugar la cultura del conquistador blanco-europeo.

La educación pretende cambiar el cerebro del indio, dejarlo sin cultura, pretende cambiar al indio, pero cambiar al indio es cambiar un ser humano por un lobo.

El alfabeto es un arma como el puñal o como el fusil. El que tiene un fusil debe usarlo; debe servirse de él. El arma no es un adorno; es un instrumento de lucha por la vida; cada civilización, cada cultura tiene sus armas. El Occidente llegó con las suyas a América, su arcabuz, su cristianismo y su alfabeto conquistaron al Tawantinsuyu; pero no vencieron al indio; que es raza y cultura, presencia física y alma.

El Occidente no puede conocer el pensamiento egipcio, porque no puede leer y entender sus jeroglíficos. Tampoco este Occidente puede conocer el pensamiento indio, porque no puede leer los kipus.

El Occidente ha batallado cuatro siglos en el afán de querer alfabetizar al indio en castellano; y el fracaso es rotundo. El indio ha conservado su quechua y su aymara en todo su caudal, es más, la lengua del indio ha invadido y penetrado en las ciudades del blanco conquistador y del blanco republicano.

Alfabetizar en castellano es meter la cultura del blanco a la cabeza del indio. Alfabetizar es sustituir el pensamiento indio por el pensamiento occidental. "Un indio castellanizado, es un indio muerto"[8].

El estudiante indio, después de los seis o doce años vuelve a su lar, a su chujlla, olvidando todo lo que aprendió. Al final queda el indio desnudo, sin su disfraz europeo, respirando por todos sus poros, su naturaleza humana india y su cultura inca.

Los conocimientos que había adquirido, como ser la filosofía, religión, geografía, historia de los pueblos de occidente, si no se han perdido, conlleva dentro de sí, como un tumor maligno.

Para Reinaga la escuela para el indio, no es más que un nido de alacranes, escuela de perros-policía donde se enseña y se amaestra al niño indio, a destrozar y devorar carnal y espiritualmente a su propia raza.

Con premeditación y la más negra mala fe, toda la vida al indio

---

8 REINAGA, Fausto (2017). Revolución india. Bolivia. Pág. 146

se le ha ocultado su historia y su literatura, su filosofía y su religión, su moral y su arte.

El Occidente en su orfandad espiritual, despojó al indio de todo su valor cultural, y lo peor de todo, luce orgullosamente como suyo lo robado y despojado.

Las puertas de las universidades se hallan cerradas, para los bachilleres indios. Los indios porque son indios no ingresan a las universidades, aquí si hay una discriminación total.

"Donde hay educación no hay distinción de clases"
Confucio

CAPÍTULO XI
EL GIGANTE DORMIDO

La escuela debe incorporar en sus políticas institucionales un **programa de convivencia familia-escuela,** que permita integrar a todos los miembros de la comunidad, ya que en su mayoría, los **padres de familia**, no se comprometen con la educación de sus hijos, ni permiten su desarrollo integral.

Esta participación de los padres de familia está contemplada en el artículo 2 de la Ley 070 que establece la importancia de la participación social: "Se reconoce y garantiza la participación social, la participación comunitaria, de madres y padres de familia en el sistema educativo, mediante organismos representativos en todos los niveles del Estado. En las naciones y pueblos indígenas originario campesinos, comunidades interculturales y afro bolivianas de acuerdo a sus normas y procedimientos propios".

Por su parte, los estudiantes opinan que la atención que les dan sus padres en su quehacer cotidiano, es muy limitado por la cuestión de trabajo y de tiempo, no reciben orientación familiar, apoyo emocional e incluso muchos de ellos viven violencia intrafamiliar; no son respetados en sus derechos fundamentales, como lo señala la **Constitución Política del Estado y el Código Niña, Niño y Adolescente,** ya que muchos padres se marginan y excluyen de la responsabilidad que tienen con la educación de sus hijos.

Frente a esta situación los padres de familia son **el gigante dormido**, que hasta ahora no se han pronunciado a través de sus representantes sobre la educación de sus hijos; parecería que están contentos, o simplemente están ocupados trabajando para mejorar su situación económica y costear los estudios de sus hijos.

También existen padres que ven a la escuela como una guardería, ya que dejan toda la formación de sus hijos a los profesores, pero ellos deberían colaborar, porque la primera educación del ser humano parte de la familia.

La gran mayoría de los padres ve los resultados de la educación de sus hijos, solo cuando éstos, están a punto de ingresar a la educación superior; ahí se dan cuenta que la educación que recibieron sus hijos(as) fue insuficiente para primero, poder ingresar a las universidades y luego triunfar en ellas.

Es aquí cuando se echa la culpa a los profesores o algún director que más que hacer gestión solo le interesó cuidar su cargo, pero tampoco se hace una autoevaluación de la labor de los padres. Al final descubren que la principal causa del fracaso académico de sus hijos, fue porque la educación regular no se complementó con la educación superior, fundamentalmente en los **contenidos**.

El dolor de los padres es grande, cuando sus hijos se sienten frustrados al no poder acceder a la educación superior, recurren a institutos de nivelación que representan para ellos un gasto adicional. Si eso tampoco funciona, porque estos institutos muchas veces juegan con la ilusión de los jóvenes, sus hijos buscan otras alternativas de estudio o de trabajo, pero eso ya implica una frustración.

Si bien muchos padres cometen el error de presionar excesivamente a los hijos por su rendimiento escolar, sin ver realmente las limitaciones que tienen, convierten a la escuela en una experiencia negativa y traumatizante.

Se debe tomar en cuenta que el rendimiento escolar está sujeto a diversos factores como ser: alimentación, impedimentos físicos, motivación, buena comunicación, armonía familiar y disciplina demasiado flexible o extremadamente vertical.

Es importante señalar que las notas no siempre reflejan la verdadera capacidad de los estudiantes, sólo reflejan su

grado de adaptación[9].

Los padres siempre desean que sus hijos se superen como personas, por lo cual los apoyan en sus estudios. Es importante el estudio de los hijos, pero es más importante su felicidad, ya que ellos deben ver a la escuela y el colegio como un lugar de preparación integral para triunfar, ni siquiera dentro del colegio,

---

9 MANZANO, Henry (2015). ¿Hijos o enemigos? Bolivia. Pág. 36

sino fuera del colegio donde sobreviven sólo los más fuertes, los más preparados en lo académico, en lo emocional, en experiencias, en criterios, con carácter y con una formación espiritual. Por todo esto, los padres deben ser tolerantes en cuanto a los estudios de sus hijos, ellos deben estudiar por necesidad y no por obligación. Mientras no encuentren ese norte, deben vivir felices y no tan presionados ni estresados.

Lo peor que puede hacer un padre de familia, es hablar mal de un profesor, delante de su estudiante o hijo(a); es un acto criminal, pues además de quitarle autoridad, lo desprestigia, provocando en el profesor una falta de entusiasmo y motivación para seguir enseñando con calidad y calidez, y en el hijo, la justificación necesaria, para ya no esforzarse más y reprobar el curso.

CAPÍTULO XII
UNA EDUCACIÓN POCO CIENTÍFICA Y RETRÓGRADA

Bolivia no es una isla, por esa razón no puede mantenerse al margen de lo que sucede a su alrededor, porque eso sería negar la existencia de los demás, llegando a Incurrir en un solipsismo. Si bien es importante, reconocer nuestra identidad como país y enaltecer nuestra historia y nuestra cultura, también es importante establecer relaciones cognitivas con el mundo, que avanza aceleradamente hacia un falso progreso, que exige a los nuevos profesionales ser **altamente competitivos** en el mercado, trabajar en equipo, bajo presión e inteligencia ejecutiva.

En nuestro país no existe una verdadera reforma educativa, porque la implementación de la Ley 070, es simplemente parcial, ya que para que exista una verdadera reforma, se necesita también **reformar la educación superior**.

La escuela que es una institución formadora por excelencia, tiene la misión de prepararnos para la vida y ser competitivos en todos los niveles (familiar, laboral y académico). Una muestra clara de esa preparación, debería ser el fácil acceso a la educación superior, porque esto implica que nos prepararon bien, y si no fue así, **la escuela no nos sirvió** de mucho.

El análisis de la implementación de un modelo educativo debe estar en función de la estadísticas, siendo la más importante aquella que hace referencia al número de estudiantes que pasaron de la educación regular a la educación superior. Si esta estadística arroja un mínimo porcentaje de estudiantes que ingresaron a educación superior, entonces la **escuela no sirvió**, porque no cumplió con su finalidad, de mejorar la realidad de los estudiantes y de sus familias.

El impacto de la Ley Educativa Avelino Siñani y Elizardo Pérez con un **paradigma** educativo del siglo XVIII, ya se siente en la aplicación del plan de estudios, la evaluación, el hacinamiento y el predominio de la formación técnica por encima de la **científica**. En este sentido, se deduce que la educación en nuestro país es simplemente instructiva y procedimental (mecánica), no desarrolla la parte cognitiva ni creativa de los estudiantes, no motiva, no investiga, no experimenta, no cuestiona y no hace crítica. No responde a las necesidades e intereses reales del pueblo trabajador, sino sólo, de los que tienen el poder, razón por la cual, se vuelve cada vez más **opresiva**.

Las falencias del sistema educativo se debe fundamentalmente a las malas políticas gubernamentales que se adoptan con respecto a la educación, no solo a nivel de **formación de maestros** donde se imponen programas, contenidos y procedimientos, sino también en **educación regular** donde también pasa lo mismo, hay imposición de verdades. No se permite en este sistema, pensar, sentir y actuar diferente con respecto a la educación, porque los que tienen poder en educación lo ven como algo malo y peligroso, algo que hay que extirpar y sancionar; no quieren ver lo evidente, porque se vendría abajo todo el mundo de papel que construyeron. En este modelo educativo (verdad relativa) si bien se avanzó en infraestructura escolar y también en la erradicación del analfabetismo, todavía tiene una tarea pendiente como toda la región: **mejorar la calidad educativa**.

En este sistema educativo no hay respeto por los maestros, que son los actores principales de cualquier proceso educativo, no se pide su opinión ni se rescata sus experiencias en el aula, solo se les impone a título de sugerencia contenidos y procedimientos; no se les invitó a conocer sus experiencias y críticas para mejorar este modelo, porque estas experiencias podrían haber aportado en la uniformidad de criterios de aplicación de la ley Avelino Siñani-Elizardo Pérez. Para el gobierno esta Ley ha sido consensuada con todos, pero eso es falso, ya que en los eventos nacionales y departamentales, hubo poca participación de maestros de base independientes, los que participaron eran militantes y simpatizantes del partido en función de gobierno o de aliados oportunistas.

Más al contrario, a los maestros se los **vigila y controla** a través de medios tecnológicos, para luego buscar la **sanción**; se les **impone programas y procedimientos de enseñanza**, que van en contra de sus principios éticos y de sus ideas de formación integral de sus estudiantes, no respetando las diferencias individuales de los docentes ni sus estilos de enseñanza. Incluso si el docente **reprueba** a un estudiante, **se duda de su honorabilidad y profesionalismo** y se le pide **un montón de documentos**, para consolidar esta reprobación.

Parecería que **los maestros** estuviesen trabajando en la **oscuridad del medioevo**, ya que en las aulas no se puede leer cualquier libro; necesaria y obligatoriamente se tiene que leer libros autorizados por el Ministerio del ramo. Se impone a los docentes la verdad de estos libros autorizados, que sólo reflejan la verdad de los que tiene poder, en desmedro de la libertad de pensamiento.

Se les pide a los **maestros** planificar cuando hay fusión de áreas, cosa un tanto complicada, especialmente en secundaria, porque para una salida (museo, hospital, cuartel, universidad, etc.) no se toma en cuenta, que los docentes no trabajan con un solo curso, sino que salen de un curso para entrar a otro.

El **sistema bimestralizado** al cual están sometidos tanto estudiantes como docentes, también va en desmedro de la calidad educativa, son aproximadamente 8 clases que pasa un profesor con un curso en el bimestre, tiempo que no es suficiente para realizar una buena **evaluación**.

También les imponen a los maestros, cursos de **formación complementaria** en el modelo educativo, que no son otra cosa que **experimentos académicos** a nivel licenciatura, que más que cualificar el trabajo de los docentes, los mantienen ocupados, preocupados y estresados, lo que repercute en su actividad laboral y familiar.

Se puede ver que la verdadera finalidad de los que ostentan el poder, no es mejorar la calidad educativa, sino **mantener ocupado a los maestros** para que no reclamen, **dividir a los maestros** para que no tenga fuerza, pero sobre todo reducir el gasto público que representa el presupuesto de educación. En ese sentido, se fusionan cursos y materias. También hay de **cargas horarias** de los maestros, todo con el objetivo de ahorrar unos centavos a costa de la destrucción de las conquistas laborales y profesionales de los maestros; pero, lo peor de todo es que se va en contra de la formación integral de los estudiantes y de una educación científica.

En nuestro sistema educativo, **se imponen contenidos** que tienen la finalidad de impulsar los lineamientos ideológicos del modelo educativo, es decir, de la intra e interculturalidad, pero en desmedro de lo otro, de lo científico. Si bien es importante rescatar los saberes y conocimientos de las naciones y pueblos indígenas de Bolivia, no necesariamente se debe forzar **la fusión** de los contenidos de las diferentes materias o áreas con esta temática, porque se desvirtúa la esencia y finalidad de las mismas.

Esta **fusión** genera un gran malestar en los profesores, que perjudica el desarrollo de materias como filosofía, psicología, física, química, lenguaje, biología, geografía, literatura e idioma originario. Con esto se va en contra de las especialidades y se pierde la relación alumno-maestro. Por ejemplo, uno de los casos que llamó más la atención sobre estas fusiones, fue de las materias de **biología - geografía**, que ahora son una misma área y el problema es que no existen profesores para enseñar ambas materias; entonces, si un profesor de biología va a instruir en esa área, terminará improvisando la parte de geografía y viceversa, o el caso de la **filosofía** que se fusionó con **"Cosmovisiones"**, que genera cierta confusión en los estudiantes.

En el caso de **formación cristiana** que también se la fusionó con Cosmovisiones en los hechos, tergiversa el sentido de esa materia, confunde a docentes y estudiantes, y a partir de que el Estado Boliviano es Laico y existe una gran pérdida de valores en nuestra sociedad, **formación Cristiana** debería cambiar de denominativo por una **"Formación humana en valores"**, ya que lo otro, simplemente representa adoctrinamiento ideológico.

Al respecto A.S. Neill, afirma: "Imponerle la religión a los niños es criminal: es el mejor método para transformar el bien en mal, la caridad en odio y el amor en crimen".

También se ha disminuido la carga horaria de algunas materias consideradas humanísticas y científicas para engrosar otras de carácter técnico, como es el caso de la **filosofía y la química**; ya no se les da la importancia necesaria, siendo que ambas son vitales en la formación integral de los estudiantes. Tampoco se puede dejar de lado el hecho, de que algunas materias consideradas complejas en su enseñanza, como es el caso de la **lógica**, no consideren algunas características que deberían tener los estudiantes (madurez y capacidad de análisis y síntesis), para que pueda ser comprendida a cabalidad. Lo mismo pasa con la materia de **psicología** (muerta académicamente) porque antes con la Ley 1565 se la cursaba en primero y segundo medio (hoy 3ro. y 4to. de sec.), con la Ley 070 se lo cursa en primero y segundo de secundaria (antes séptimo y octavo). Prácticamente se imparte esta materia **a niños** que no comprenden la verdadera magnitud e importancia de la psicología. Todo esto con el afán de introducir la materia de Cosmovisiones.

La implementación de la ley 070 donde la improvisación es la regla, ha provocado un descenso en la calidad educativa, tesis sustentada por el profesor José Luis Álvarez, dirigente del magisterio paceño, quien afirma: **"La 070 es totalmente**

retrógrada y tiene el objetivo de destruir la educación, porque se da prioridad a las cosmovisiones en desmedro de la filosofía y las ciencias, no se potencia el conocimiento científico en el estudiante para que éste pueda tener éxito en la educación superior".

Por estas razones, la escuela parece un gheto donde se encierra a los niños y jóvenes por 12 años dentro de parámetros, horarios y programas cargados de monotonía absoluta y de lineamientos ideológicos, donde se les impone verdades como ciertas a partir de los intereses y necesidades de los que tienen poder, dejando de lado la realidad del contexto local que es diverso y de un contexto internacional globalizado, donde el uso de los medios de comunicación como el internet y las redes sociales se han masificado[10]. Es un mundo donde la competitividad representa competir contra los otros, y si la escuela no te preparó para esto, solo genera frustración a nivel personal, como sociedad y como país. Nuestro sistema educativo vive ajeno a los grandes desafíos de la post-modernidad y no responde a los retos de la sociedad actual, especialmente en sus contenidos, donde se da primacía a lo ideológico antes que lo científico.

Muestra clara de aquello, son los famosos **PSP**, que se realizan de manera improvisada, forzando actividades y contenidos y los **BTH** (Bachillerato Técnico Humanístico) que a partir de la poca infraestructura, parecería una utopía, pero habría que preguntarse: **¿Cuál es la finalidad?**

También, sería importante preguntarnos: ¿Cómo podemos ser un país abierto al mundo, creativo, tolerante, competitivo, innovador, productivo y conectado, si nuestro sistema educativo en sus diferentes niveles, no lo es?

Por todo ello, es importante realizar el debate sobre el problema educativo en nuestro país, que debería estar abierto a las voces y experiencias de quienes conocen la materia, para sacar conclusiones. Si a ello le sumamos que Bolivia no participa en mediciones internacionales de calidad educativa, el panorama es desolador. Se ha reclamado con insistencia que el país participe en pruebas de medición del **PISA** (Programa internacional de evaluación del alumno), la más conocida, aunque

---

10 BAPTISTA, Mariano (1971). Salvemos a Bolivia de la escuela. Bolivia. Pág. 14

no la única, que mide el rendimiento de los estudiantes en las principales asignaturas, pero lamentablemente no se concretó este pedido. El Gobierno denuncia que PISA es una **medición "imperialista"** y se niega a asumir el desafío de instaurarla a nivel nacional. Esta prueba no es "imperialista", pues se aplica a muchachos y muchachas de 15 años de 72 países en todo el mundo; pero lo paradójico de este asunto, es que China se incluye en esta medición, pese a ser socialista. Shanghái es una de las ciudades del mundo con mejores resultados, junto con otras de Europa y Asia. En América Latina, Chile encabeza la lista.

CAPÍTULO XIII

FALTA DE COMPLEMENTARIEDAD ENTRE LA EDUCACIÓN REGULAR Y LA EDUCACIÓN SUPERIOR

Un **modelo educativo no sirve** cuando la educación regular no se complementa con la educación superior, esa debe ser la lógica que tendría que manejarse en cualquier sociedad que se considere culta. También esa debería ser la premisa de aquellos que llegan al poder, con una visión de desarrollo integral de los recursos humanos de su país, porque si las mallas curriculares de educación regular no se complementan con las mallas curriculares de educación superior, **nunca habrá calidad educativa**, porque esta calidad está en función de mejorar no solo la realidad del estudiante, sino también la de mejorar la realidad de sus familias y por consiguiente del Estado.

FINES IDEOLÓGICOS

Si bien la CPE establece que se debe respetar la libertad de expresión y que la educación es un derecho humano, en nuestro actual modelo educativo, no existe esa libertad de expresión, porque se impone contenidos a través del currículo base que están destinados no a perseguir el fin de la educación, que es formar integralmente al estudiante, sino persigue fines ideológicos y políticos, introduciendo contenidos que no son relevantes a la hora de ingresar o triunfar en la educación superior.

INSTITUTOS DE NIVELACIÓN

El flamante bachiller y sus familiares inflan sus pechos de orgullo, uno por haber aprobado el último curso de secundaria y el otro por haber contribuido moral y económicamente para este cometido; pero cuando este bachiller busca ingresar al mundo de la educación superior se da cuenta que todo lo que aprendió a duras penas (porque con ellos también se experimenta al igual que con los docentes) no le sirve de mucho, por lo cual tiene que recurrir a **Institutos para nivelarse**, porque se da cuenta que la universidad, institutos y escuelas de educación superior son una realidad diferente, porque exige otros conocimientos previos, lo cual genera en ellos una tremenda frustración y mucho más si reprueban un primer examen de ingreso (dispensación), porque se sentirán inseguros y nerviosos a la hora de volver a dar otro examen. Si fallan, están moralmente destruidos; y si la familia no los apoya o más al contrario los presiona, pueden incurrir en otras actividades no siempre académicas, para salir de ese medio familiar que los asfixia. Esta situación difícil de los estudiantes es vinculante porque sus familias se preocupan, se angustian y sufren por el futuro de sus hijos.

LAS GRANDES EDITORIALES

Los que se benefician con la imposición de verdades y de los contenidos mínimos propuestos por la autoridad del ramo, son las grandes editoriales que sin importarles la calidad educativa, desarrollan todos los contenidos propuestos en el currículo base, todo esto con fines comerciales; lo que buscan simplemente es ganar y no aportar en la formación integral de los estudiantes; contratan profesores para que desarrollen esos contenidos, pero como estos contratados lo hacen simplemente porque se le paga (están en su derecho), no existe los resultados cualitativos esperados, porque esos contenidos desarrollados tienen **conocimientos fragmentados, no hay secuencia didáctica, ni coherencia lógica**, que en vez de generar un aprendizaje significativo, solo confunden a los estudiantes.

EL TRABAJO DE LOS DOCENTES

El trabajo de los docentes se halla obligatoriamente dirigido, sin muchas posibilidades de desmarcarse de los contenidos que se le proponen en el **currículo base,** pese a que hay un **currículo regionalizado y uno diversificado**, porque es controlado y vigilado al mejor estilo de los gobiernos totalitarios, pues debe presentar sus planes (PAB-PDC) y sus notas, **vía on line**. Los que tienen poder, también obligan a los directores y a los docentes la implementación de los contenidos, bajo pena de ser sancionados o elevar los informes correspondientes; **una coacción total**.

El docente por no verse envuelto en polémicas con su director(a), simplemente se acomoda ante la situación; pero eso no quiere decir, que el profesor pierda su espíritu revolucionario, **más al contrario, plasma sus ideas pedagógicas de lucha, resistencia y liberación utilizando el currículo diversificado**, donde según su sano criterio profesional, fusiona, complementa y suprime en algunos casos, contenidos que poco o nada se adecúan a la realidad de los estudiantes, proponiendo otros. Todo en el marco de una ética profesional, porque según ellos: **"cómo se les puede enseñar a los estudiantes, algo que no les va a servir para su ingreso y triunfo en la educación superior"**.

Por estas razones, se debe enseñar a los estudiantes de primaria (niños), sobre todo, valores; y a los estudiantes de secundaria (jóvenes), conocimientos y valores, que **los preparen** para la educación superior.

LA UNIVERSIDAD

La Universidad al ser una institución destinada a la enseñanza superior, proporciona conocimientos especializados en cada rama del saber, por lo cual otorga títulos académicos. Si hacemos mención sobre lo que significa la universidad, tendríamos que remontarnos a su etimología; la palabra universidad deriva del latín **universitas**, que quiere decir, **universal**, estableciendo que los conocimientos que se imparten en las casas de estudio son universales, difícilmente podrán cambiar, salvo que existan reformas al interior de estas casas superiores de estudio. De cualquier manera, lo que enseñan con mayor o menor calidad, con diferentes criterios pedagógicos, es la misma que se enseña en cualquier parte del mundo, no pierde su universalidad; por lo cual, existen convenios entre universidades a nivel internacional, en especial para los cursos de post-grado.

La universidad por su autonomía, aspecto por demás saludable, es independiente en su manejo administrativo y académico; por lo que no permite intromisiones externas. Entonces, difícilmente se puede hablar de una reforma educativa sin la participación de la universidad, en todo caso sería parcial; pero, por otro lado, la universidad si cambia radicalmente los conocimientos que imparte dejaría de ser universal, dejaría de lado ese hecho de preparar buenos profesionales en sus diferentes carreras. En ese sentido, está bien la autonomía, pues no puede venir un gobierno y dejar de lado todo lo que se ha construido a nivel de universidad, tanto administrativa como académicamente.

Si los contenidos de cualquier modelo educativo no se complementan con la educación superior, no existe calidad educativa y, por consiguiente, **la escuela no sirve**, ya que no está cumpliendo su papel formador, más al contrario, está deformando la formación integral de los recursos humanos de un país, lo cual va en detrimento de la transformación cualitativa de la sociedad.

En este caso, es necesario que se reformule los contenidos para adecuarlos a los contenidos que se llevan en educación superior, solo así se podrá hablar de una educación de calidad, pues, de lo contrario, los únicos beneficiados económicamente serán las **grandes editoriales,** que prostituyen el trabajo intelectual de algunos docentes; y **los institutos de nivelación,** que muchas veces juegan con la esperanza académica de jóvenes que buscan mejores días.

CAPÍTULO XIV
LOS GRANDES GASTOS DE NUESTRA ESCUELA

Cuando una sociedad no es capaz de organizarse y mejorar su sistema educativo, se convierte en una sociedad inarmónica y poco respetada, que va **rifando sus recursos naturales para posteriormente perder el control de su destino**. En estas circunstancias se produce una alienación cultural, ya que adoptan y asumen como ciertas las verdades impuestas por los que tienen el poder (ideas, valores y normas).

En el caso de nuestro país, existen muchos factores que inciden en nuestro poco desarrollo, como ser: extensión territorial, diversidad étnica, la precariedad de las instituciones republicanas, el mestizaje, el militarismo, la voracidad del imperio, la anarquía política, etc. Estas ideas y valores son transmitidas por la escuela, que en la actualidad es absolutamente estéril, ineficiente y altamente onerosa (genera gastos millonarios). Los niños y jóvenes bolivianos pasan doce años en esos pequeños campos de concentración que son las escuelas y los colegios, asimilando pasivamente y con cierto temor **conocimientos dispersos e inanes, sin secuencia didáctica, fragmentados y sin coherencia lógica,** que no tienen relación con el mundo de hoy y nuestro contexto en particular; y, sin embargo, costó al Tesoro General de la Nación, **214.650 millones de bolivianos en 2018**, según el Ministerio de Economía y Hacienda.

Mientras no existan verdaderas reformas educativas en nuestro país, que integren no solo a la educación regular sino también a la educación superior, estos **gastos que son millonarios,** caerán en bolsa rota; serán **gastos insulsos**, que recaerán en las espaldas del pueblo, porque los modelos educativos deben estar en función de los resultados, y no esperar que instituciones que velan por la calidad educativa nos digan si hay o no calidad educativa, pese a que las mismas son parte del mecanismo (hay dependencia) de los que tienen poder y solo corroboran la verdad de los que están en el poder, sin tener ninguna posibilidad de refutar la verdad que se les impuso (verdad educativa). Si bien algunos gobiernos de buena voluntad siguen edificando escuelas, solo son un parche al sistema educativo, que de igual manera genera una gran frustración en nuestros jóvenes, que son los más perjudicados, ya que al encontrar una realidad diferente en educación superior, se frustran y se dedican a otras actividades lícitas, pero también ilícitas.

Los gastos que se hicieron para estudiar, reformar y desarrollar nuestro sistema educativo, fueron millonarios, costaron mucho dinero al país[11]. He aquí algunos de ellos:

-Código de educación (proyecto Villagomez), 1955. Costó al país aproximadamente unos 50.000 dólares.

-Informe Dounwoody sobre Educación Técnica, 1966. Costó al país 43.000 dólares.

-Informe Universidad de Ohio sobre Recursos Humanos, 1966. Costó al país 366.000 dólares.

-Informe Mc Clurkin sobre Edificios Escolares, 1968. Costó al país 44.000 dólares.

-Programa Nacional de Alfabetización, 1970. Costó al país 440.000 dólares.

También es importante señalar que la Ley 1565 (Reforma Educativa) fue financiada e impulsada por el **Banco Mundial** y el **Fondo Monetario Internacional**. Duró más de 10 años, pero después de 9 años de su implementación, es decir, en 2003, se informó que se habían gastado aproximadamente **340 millones de dólares**, de los cuales el 54% fue a engrosar la deuda externa.

En cuanto a la Ley 070, en el 2005 Bolivia invirtió en educación el 3.5 % del PIB, en el 2014 el 8.7 % del PIB y en el 2018 el 7.7% del PIB. Son, por donde se lo vea, **cifras millonarias**, que no

---

11 BAPTISTA, Mariano (1973). La educación como forma de suicidio nacional. Bolivia. Pág. 23

están arrojando los resultados esperados ¿Por qué será?

En enero del 2019, ante las falsas afirmaciones realizadas por el periódico Los Tiempos, sobre el presupuesto destinado a Educación, el Ministerio de Economía y Finanzas Publicas aclara a la población lo siguiente:

De acuerdo a la Constitución Política del Estado (CPE) la educación constituye una función suprema y primera responsabilidad financiera del Estado, que tiene la obligación indeclinable de sostenerla, garantizarla y gestionarla, misma que se ejerce de forma concurrente por el Nivel Central del Estado y las Entidades Territoriales Autónomas. En este sentido, el presupuesto destinado al sector se encuentra inscrito en diferentes niveles de Gobierno y no se concentra únicamente en el Ministerio de Educación.

Enmarcados en lo señalado en la CPE, el presupuesto del Sector Educación para la gestión 2019 alcanza a Bs21.682 millones, que representa el 11% del Presupuesto General del Estado y el 7% del Producto Interno Bruto (PIB) proyectado.

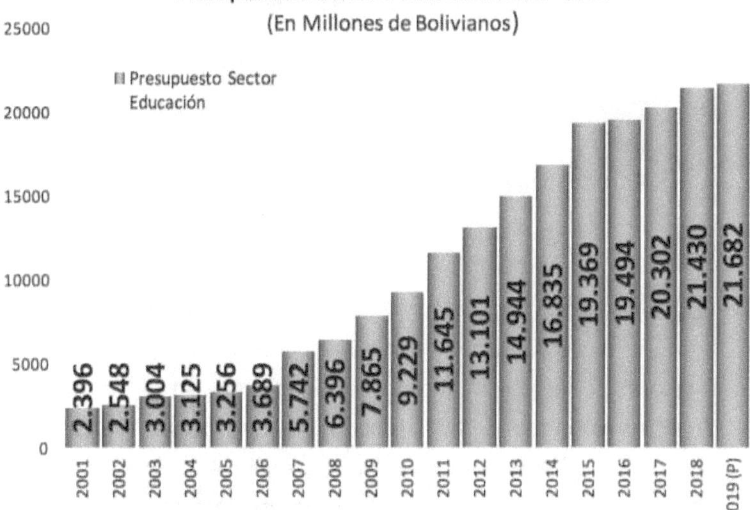

Presupuesto del Sector Educación 2001 - 2019
(En Millones de Bolivianos)

Este incremento se debe a que el Gobierno Nacional a objeto de contar con mayor número de maestros, en el periodo 2005 - 2018 ha creado 47.803 ítems a nivel nacional financiados con recursos del Tesoro General de la Nación. Asimismo, corresponde señalar que en los últimos 3 años se destinaron en promedio,

Bs11.000 millones por gestión para financiar el pago de maestros, entre los que se encuentran profesores de Unidades Educativas, docentes de las Escuelas Superiores de Formación de Maestros e Institutos Técnicos y Tecnológicos, personal de las Direcciones Departamentales y Distritales de Educación, Universidad Pedagógica, entre otros.

CAPÍTULO XV
CARTA ABIERTA A PROFESORES

Los estudiantes son los principales actores de un proceso educativo, pero también son las principales víctimas cuando se implementa mal un modelo educativo, que conlleva prejuicios y criterios sesgados.

Es importante conocer cuál es el sentir y pensar de los estudiantes, sus anhelos y sueños; pero sobre todo es importante conocer que es lo que les hace feliz en la escuela.

Por esta razón, daremos a conocer la siguiente carta abierta de los estudiantes de la **comunidad de Collpacanta** a sus profesores:

Queridos profesores:

Nosotros como estudiantes, deseamos su **felicidad** y a partir esto, con respeto y cariño les queremos pedir lo siguiente:

Amor a su trabajo, siendo su profesión un apostolado, les pedimos que busquen siempre nuevas estrategias metodológicas, para que nosotros podamos aprender de manera eficiente y eficaz. Les pedimos que se actualicen constantemente en nuevos métodos y técnicas de enseñanza, técnicas de estudio, que creen en nosotros mayor interés por el estudio. Les pedimos que nos enseñen para la vida y en la vida.

Queremos pedirles que nos enseñen no de manera memorística ni mecánica, sino con mucha espontaneidad y creatividad, donde seamos felices todos, estudiantes, padres de familia y ustedes profesores.

Humildad, ya que la única forma de educar es con humildad pedagógica, decir: **"Hoy voy a servir a estos jóvenes"**. Pueden aprender de nosotros por más jóvenes que seamos o tengamos disminuidas nuestras capacidades económicas y físicas, ya que hemos vivido experiencias que pueden ser relacionadas con el aprendizaje de su materia. La mejor forma de captar la atención de sus estudiantes es no gritarles, sino interesarse por ellos. La mejor forma de hacer amigos no es hablar de uno mismo, sino de los demás.

Por esta razón, su programación debe ser flexible para permitir a sus estudiantes expresar sus vivencias, logrando que se identifiquen con su asignatura y que ésta se vuelva indispensable para ellos.

Serenidad y paciencia, ya que ustedes son nuestros ídolos, les pedimos que nos tengan paciencia cuando hacemos alguna travesura, eso pasará, evolucionaremos. Para nosotros ustedes son un ejemplo a seguir, un ejemplo de templanza y serenidad; pero sobre todo, personas que dan amor sin pedir nada a cambio; no cambien, los queremos mucho; pero eso sí, entendemos que ustedes son un mundo aparte, con problemas, alegrías y tristezas, pero esto no debe influir en las relaciones de amistad que tenemos.

Confianza, ya que muchos de nosotros somos nerviosos y tímidos, nos equivocamos al hablar o hacer nuestras tareas, se cruzan muchas de nuestras ideas; en algunos casos no tenemos algunas habilidades y destrezas, porque desde nuestros hogares no logramos desarrollarlos. Por eso, les pedimos que nos den la confianza necesaria para poder desenvolvernos, esto obviamente es temporal, ya que más tarde o más temprano evolucionaremos, por eso ténganos paciencia. Todos venimos de hogares diferentes, de realidades distintas. A partir del tiempo y formación de nuestros padres, muchos no recibimos orientación y apoyo necesario. En resumen **no somos perfectos**.

Ser amigo, ya que queremos de ustedes, el apoyo espiritual y moral que necesitamos, muchos de nosotros provenimos de hogares fraccionados o disfuncionales donde falta amor y dinero. Algunos vivimos con nuestros abuelos o somos huérfanos. Otros trabajan, porque no tienen apoyo económico o tienen que ayudar en la manutención de sus hermanitos.

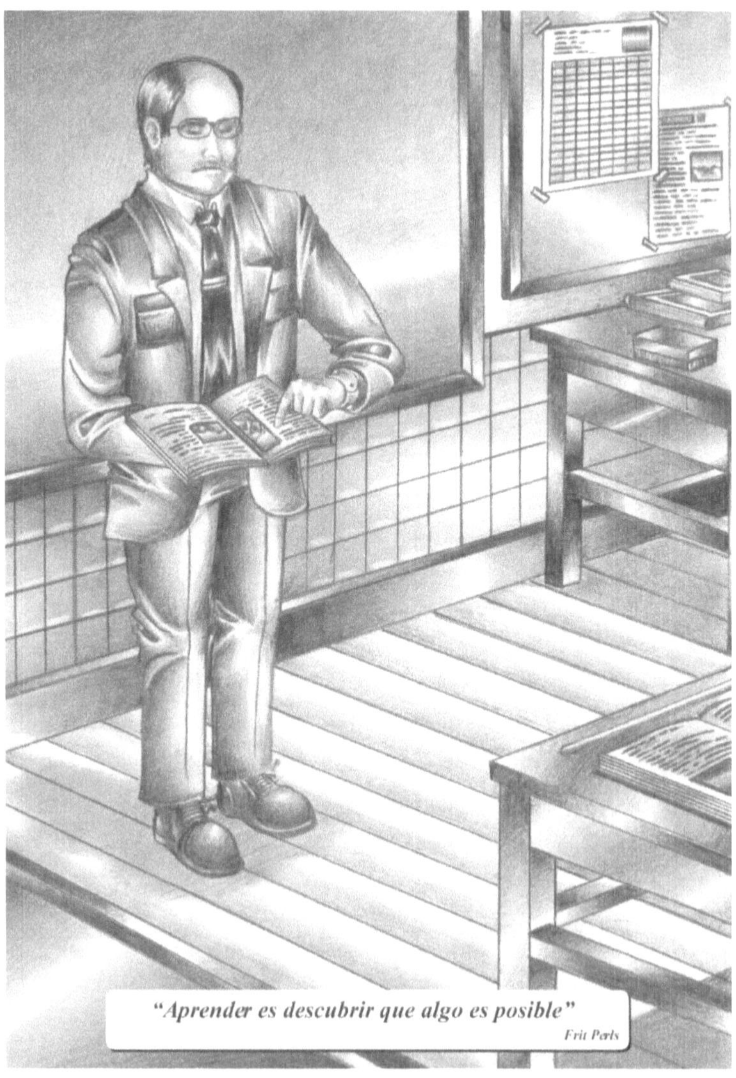

Por estas razones, queremos que la escuela sea un segundo hogar, y que ustedes sean nuestros segundos padres, nuestros amigos, que nos orienten, que nos escuchen, que nos hagan reflexionar y que nos hagan reír; que busquen nuestro bienestar. Por nuestra parte, nosotros responderemos a la confianza y trato que nos dan, siendo mejores personas.

Queremos ser felices en la escuela, porque muchas veces no encontramos esa felicidad en nuestros hogares.

Motivación, les pedimos que siempre nos motiven en nuestro aprendizaje, ya que la motivación es el motor de todo nuestro accionar como estudiantes.

Por eso les pedimos que celebren y alaben constantemente nuestros éxitos, exactamente como lo hacen con sus hijos. Siempre bríndennos una palabra de aliento cuando nos equivoquemos y resalten nuestro esfuerzo.

Respeto, les pedimos que respeten nuestras diferencias individuales y nos enseñen que todos podemos lograr nuestros objetivos y sueños, porque todos tenemos las mismas capacidades físicas y mentales, como cualquier otro ser humano de cualquier parte del mundo. Respeten nuestra iniciativa y creatividad a partir de las diferencias individuales.

Levanten nuestra autoestima, enséñennos a querernos, amarnos y respetarnos, porque ese será nuestro motor para seguir adelante y triunfar en la vida.

Utilidad, ya que todo lo que nos enseñan tiene que servirnos en nuestra vida diaria, en nuestro ingreso y triunfo en educación superior, porque no tendría ningún sentido que nos enseñen cosas que no nos servirán, es por eso que les pedimos que desde su sano criterio profesional, promuevan nuestra formación integral a través de la innovación de contenidos y actividades, que desarrollen nuestras capacidades, habilidades y destrezas.

CAPÍTULO XVI
LA PROPUESTA JAPONESA

Para comprender en su verdadera magnitud la crisis educativa en nuestro país, es necesario conocer otros modelos educativos y los resultados que arrojaron. También es importante analizar las acciones gubernamentales de compromiso con la educación de otros países, como es el caso de Japón y Finlandia, donde sus sistemas educativos están considerados como los mejores del mundo, especialmente por los buenos resultados en las pruebas del PISA.

En Finlandia, el Sistema Educativo es una prioridad para el Estado, es por eso que invierten mucho en la preparación y formación de sus maestros, de vocación reconocida. Los profesores son respetados y cuentan con un gran prestigio. La remuneración económica para estos profesionales es excelente, sus sueldos son relativamente altos en comparación con otros profesionales.

La educación es gratuita y obligatoria, desde sus materiales escolares hasta su alimentación diaria. La educación es personalizada, tiene el objetivo de responder a un currículo común, pero con la atención de necesidades especiales que se traslucen en capacidades, potencialidades y emprendimientos, sin dejar de lado la sociedad y las familias que se complementan con las actividades culturales.

Uno de los objetivos centrales de la política de la educación Finlandesa es la igualdad en la educación, todos los ciudadanos tienen las mismas oportunidades de acceso a la educación en todos sus niveles.

Una de las características de los estudiantes finlandeses es utilizar uniformes para desarrollar principios de igualdad, enfatizando una educación productiva que responda a las necesidades económicas de su país.

En el caso de Japón, que históricamente surgió como un gran

país, después de la Segunda Guerra Mundial (1945), con la premisa de que a través de la educación podrían emerger de las cenizas y encumbrarse al progreso. En base a los programas de la educación norteamericana y dejando de lado los rencores de la guerra, tratan de implementar sistemas educativos modernos, que impliquen trabajo y mucha disciplina.

La educación japonesa es considerada una de las mejores del mundo, porque en los primeros años de formación desarrollan valores como la paciencia, el respeto y la disciplina.

La disciplina es de vital importancia en la educación japonesa, ellos limpian y ordenan la escuela, sus salones de clases, pasillos y los baños, es decir, cuidan mucho su entorno.

En cuanto a su nutrición, es supervisada por un médico y un nutricionista, para que su alimentación sea adecuada. Comparten la hora del almuerzo con sus maestros y compañeros para propiciar espacios de relacionamiento informal.

Actualmente Japón sorprende al mundo, proponiendo un modelo educativo denominado **"Cambio Valiente"** (Futoji no henko), buscando formar a sus actuales generaciones con miras a ser ciudadanos del mundo, es decir, con una capacidad de desarrollar sus saberes, conocimientos, habilidades y destrezas, en cualquier contexto internacional. Pretende convertir a los futuros ciudadanos japoneses en personas productivas y capaces de enfrentar retos naturales, culturales y tecnológicos a nivel global. Los tres pilares fundamentales de su educación son: **conocimiento** (científico y empírico), **moral** (respeto a la familia, a los animales y la naturaleza) y el **cuerpo** (el deporte y los hábitos alimenticios son considerados fundamentales). Muestran desde temprana edad responsabilidad, disciplina y respeto con la familia, instituciones sociales y la naturaleza, siendo la limpieza un estilo de vida y una forma de respeto.

El objetivo es formar **"no buenos japoneses, sino**

ciudadanos globalizados". En este modelo educativo no hay himnos, bandera, culto al emperador o a héroes, dejando de lado prejuicios como la superioridad de su país, el nacionalismo y el patriotismo exacerbado. Ya no irán a la guerra para defender los intereses económicos de grupos de poder, disfrazados de

"patriotismo".

El japonés después de 12 años, tiene la capacidad de aceptar a todas las culturas, religiones y tipos de gobierno existentes en el mundo; destruye las taras de una mentalidad limitada e individualista.

Este sistema educativo está basado en los programas educativos Erasmus, Grundtvig, Monnet, Ashoka y Comenius. Este cambio se está dando en uno de los países más tradicionalistas y machistas del mundo. El programa de 12 años, está basado en los conceptos: cero patriotismo, cero materias de relleno, cero tareas.

Abarca el desarrollo de 5 materias, que son:

Aritmética de negocios: Que implica enseñar las operaciones básicas y uso de la calculadora, con fines estrictamente comerciales o de negocios.

Lectura: Que implica inculcar en los niños el hábito de la lectura; empiezan leyendo una hoja diaria de un libro que ellos mismos escogen y terminan leyendo un libro por semana.

Civismo: Que implica inculcar en los niños y adolescentes el respeto total a las leyes, a las instituciones sociales y a la naturaleza. También implica respeto por las normas de convivencia, ética, tolerancia y altruismo.

Computación: Que implica enseñar a los niños y adolescentes paquetes informáticos, así como el uso adecuado del internet, celulares, redes sociales y negocios on-line.

Idiomas: Que implica enseñar a los niños y adolescentes, alfabetos, culturas y religiones de diferentes países: japonesa, americana, alemana, china y árabe, con visitas de intercambio en verano a familias de diferentes partes del mundo.

Los efectos de este programa después de 12 años de escolaridad, son los siguientes:

- Jóvenes que hablan 4 idiomas como mínimo, conocen culturas, alfabetos y religiones de diferentes países.

- Jóvenes expertos en el uso de computadoras, celulares, internet, redes sociales y negocios on-line

- Jóvenes que leen 52 libros cada año.

- Jóvenes que respetan la ley, la naturaleza y la convivencia armónica.

- Jóvenes que manejan la aritmética de negocios al dedillo.

Mientras algunos países como Japón tratan de educar a sus estudiantes como **ciudadanos del mundo**, otros como es el caso del modelo educativo boliviano, pretenden educar para el país, no tomando en cuenta que este mundo a partir de la masificación de los medios de comunicación y la integración de mercados es global. Por esa misma razón, existe una competencia salvaje y poco tolerante con los menos preparados.

CAPÍTULO XVII

NEUROEDUCACIÓN Y EL PAPEL DE LA ESCUELA

La educación en Bolivia atraviesa por una gran crisis, ya que no existe calidad educativa. Se puede observar que en la enseñanza de los niños y jóvenes rige una educación tradicional, fría y mecánica, es decir, se tiene la tendencia de enseñar desde parámetros memorísticos, de repetición de información y claramente se ve la ausencia del componente afectivo; y esta es una realidad palpable que se percibe en el trato de los docentes hacia sus estudiantes.

Por eso es menester cambiar de perspectiva, con una formación guiada desde la Neuroeducación, que nos invita a propiciar un clima de estudio favorable basado en el amor, el respeto, la afectividad, la solidaridad y la empatía para contrarrestar, de esa manera, el imaginario de que la educación es solo la recolección de información intelectiva.

La Neuroeducación logra brindar una educación integral que consiste en el desarrollo armónico de la inteligencia y la afectividad (con sus dimensiones de calidez, inteligencia emocional, etc.), en el que se favorece al desarrollo del talento individual, para que cada quien sea lo que puede ser, viva y perfeccione sus fortalezas en el contexto de la totalidad de su ser, siendo de esa manera un aprendizaje significativo.

Pero, ¿en qué consiste la Neuroeducación?, según Mora, es una nueva visión de la enseñanza que se basa en aportar estrategias y tecnologías educativas centradas en el funcionamiento del cerebro. Esta nueva disciplina educativa fusiona los conocimientos sobre neurociencia, psicología y educación, con el objetivo de optimizar el proceso de enseñanza y aprendizaje. Asimismo es una disciplina que promueve una integración entre las ciencias de la educación con aquellas que se ocupan del desarrollo neurológico.

Por lo tanto, la Neuroeducación pretende concederle más

Importancia al hecho de que el aprendizaje se lleve a cabo a través de procesos cerebrales y que los resultados cognitivos se amplían de manera paralela al desarrollo del cerebro optimizando así el aprendizaje humano.

Está demostrado que, de acuerdo a Mora (2013), **el cerebro humano está dotado de una gran plasticidad**, pudiéndose adaptar su actividad y cambiar su estructura de manera significativa, a lo largo de la vida, aunque es más eficiente en los primeros años del desarrollo humano, que hace de esta etapa la mejor para el aprendizaje, facilitando la tarea de cualquier estudiante[12].

Por lo tanto, basándonos en nuevos estudios de la Neuroeducación, podemos señalar que la emoción conjuntamente con la afectividad promueve el aprendizaje, así como la curiosidad facilitará la atención de los estudiantes. Pero es obvio que ni la atención ni la curiosidad la podemos conseguir simplemente demandándola, sino se la debe provocar desde el interior.

Al respecto Ken Robinson, señala: "La educación eficaz siempre es un equilibrio entre rigor y libertad, tradición e innovación, el individuo y el grupo, la teoría y la práctica, el mundo interior y el que nos rodea".

El ámbito más directo para la aplicación de la Neuroeducación es la escuela, donde los educadores deben comprender que la estructuración de la clase, sus actitudes, palabras y emociones influyen enormemente en el desarrollo de los cerebros de sus estudiantes y la manera en la que aprenden.

¿Cómo aplicamos la Neuroeducación al contexto educativo?, es una pregunta que puede ser respondida, tomando en cuenta las siguientes recomendaciones:

Crear un clima emocional positivo en el aula, ya que es

---

12 MORA, Francisco (2013). Neuroeducación. España. Pág. 123

menester, de acuerdo a Miguel Martínez, que los docentes fomenten un clima positivo en el aula, donde se muestren cercanos y empáticos con sus alumnos. Es necesario que controlen su expresión emocional para que esta sea positiva, y así pueda contagiarla a los estudiantes. Se debe evitar el estrés excesivo en el aula. Un pequeño nivel de estrés es necesario para mantener a los alumnos motivados y activos. Sin embargo, altos niveles de estrés son perjudiciales para el rendimiento.

Potencia el aprendizaje emocional, **ya que la emoción** está muy ligada a la memoria. Aprendemos mucho mejor cuando la información nos provoca emociones. Por ello, una buena estrategia de Neuroeducación es crear conexiones emocionales dentro del contexto del temario a enseñar. Estas conexiones se pueden realizar con actividades específicas que conecten emocionalmente a los alumnos con el contenido, según Guadalupe Álvarez.

Enseñar con diferentes estilos y con diversos métodos, ya que según Bernardo Andrade, podemos potenciar el aprendizaje de cada estudiante utilizando diferentes estilos de enseñanza, variando las actividades y los materiales. No todos los estudiantes aprenden de la misma manera. Unos son más visuales, otros más corporales, otros más auditivos, etc. Utilizando imágenes, vídeos, actividades experienciales, interactivas, musicales, estamos utilizando la Neuroeducación para estimular todos los sentidos. Así se aprenderá de forma más integral, beneficiando a la diversidad de estudiantes que se tiene en el aula.

Potenciar el aprendizaje significativo, ya que según Ana Díaz, es fundamental para un aprendizaje a largo plazo y para mantener la motivación en la escuela, que los estudiantes comprendan la utilidad de aquello que están aprendiendo. El aprendizaje significativo se trata de aplicar los conocimientos al mundo real, el "¿para qué me sirve esto?" Una buena estrategia de la Neuroeducación para los estudiantes, es el uso de actividades en el mundo real, como investigar, diseñar experimentos, crear metáforas, analogías, examinar patrones de causa-efecto, analizar la perspectiva, realizar actividades artísticas que estimulen el pensamiento creativo.

Se debe repensar la enseñanza en Bolivia desde la

Neuroeducación, pues debemos superar la formación "tradicional" que reciben los estudiantes, ya que categóricamente es en una atmósfera de seguridad, alegría y confianza donde podrá florecer la afectividad, la calidez, el respeto mutuo y la motivación, tan esenciales para un aprendizaje autónomo. La Neuroeducación se opone a la pedagogía de la violencia y en vez de aceptar el dicho de que "la letra con sangre entra", propone más bien el de "la letra con cariño se construye".

De esa manera se afirma que la Neuroeducación contribuye a la formación integral de los estudiantes, fomentando un clima positivo en clases y promoviendo el amor, la afectividad y el cuidado mutuo. Por ello es necesario que los docentes puedan resignificar su quehacer pedagógico, buscando ser capacitados en esta nueva visión de enseñanza, de manera que se formen personas con mejores relaciones intra e interpersonales.

Por consiguiente, es importante realizar una reflexión seria y profunda para integrar la Neuroeducación como enfoque en el proceso de enseñanza-aprendizaje en las escuelas y colegios de Bolivia, para así poder mejorar la calidad educativa.

CAPÍTULO XVIII
DIDÁCTICA NO PARAMETRAL

La educación debe servir para que todos los actores de una comunidad educativa, puedan alcanzar un grado óptimo de bienestar social y emocional. En tal sentido, es deber tanto del educador como del educando procurar **el bienestar de ambos**, y por ello, en algunos países como Holanda, Finlandia, Corea del Sur y Japón se están fomentando metodologías alternas a las convencionales, que buscan la autonomía funcional de los estudiantes, para que estos puedan crear sus propios conocimientos.

La escuela debe ser concebida socialmente como un espacio de formación del sujeto, es a ella a quien se le atribuye, después de la familia, la gran responsabilidad de moldear al sujeto; por tanto, la escuela debe ser el espacio donde el estudiante pueda aprender y formarse de manera libre, sin parámetros a seguir, ya que el único parámetro tendría que ser la felicidad del estudiante y la excelencia.

Según Freire: "La escuela es el lugar donde se hacen amigos, no se trata solo de edificios, aulas, salas, pizarras, programas, horarios, conceptos, etc.; la escuela es, sobre todo, gente, gente que trabaja, que estudia, que se alegra, se conoce, se estima. El director es gente, el coordinador es gente, el profesor es gente, el estudiante es gente, cada funcionario es gente. Y la escuela será cada vez mucho mejor, en la medida en que cada uno se comporte como compañero, amigo, hermano. Nada de isla donde la gente esté rodeada de cercados por todos lados, nada de ser como el bloque que forman las paredes, indiferente, frío, solo. Lo importante en la escuela, no es solo estudiar, no es solo trabajar, es también crear lazos de amistad, es crear un ambiente de camaradería, es convivir, unirse. Solamente así, es más fácil estudiar, trabajar, crecer, hacer amigos, educarse, ser feliz."

La didáctica procura construir nuevas formas de enseñar que permitan a los educadores despertar en los estudiantes la creatividad, la investigación y la construcción de nuevos conocimientos, ir más allá de lo aprendido en el aula e incentivarles el deseo de poner todo bajo sospecha.

En la actualidad, la realidad social altamente compleja, formada por múltiples relaciones, nos impulsa a visualizar el aula como el espacio para investigar y aprender a construir una sociedad incluyente.

La Didáctica no Parametral cuenta con dispositivos didácticos que permiten recuperar y escuchar al otro. La capacidad de escucha y la memoria histórica de los sujetos, rescatan a través de un relato personal llamado didactobiografía. La historia narrada se comparte en círculos de reflexión o grupo de pares que, con su escucha crítica, realizan preguntas de los relatos hechos, logrando en ocasiones, procesos de resonancia y sintonía del otro[13].

Esta experiencia que conjunciona los sentimientos y emociones de los sujetos, pueden ser insumos para generar un hecho educativo y la construcción de conocimientos a partir del reconocimiento del otro.

La **escuela tradicional** reproduce el autoritarismo y la dominación institucional, materializada en contenidos estáticos alejados de la realidad y carentes de sentido, primer síntoma de violencia en la escuela: educar para la repetición y el sinsentido.

Por lo anterior, no debería extrañarse que se privilegien los resultados en pruebas externas más que el desarrollo del ser. Por tal razón, la Didáctica no Parametral educa a los estudiantes y sus familias desde el ser, entendiendo así, que todo lo que sucede en el exterior repercute en el Interior de las aulas; y el no saber abordar las dificultades de los estudiantes conlleva a que se

13 GRISALES, Luz. ZULUAGA, Diana (2018). Didáctica no Parametral. Colombia. Pág. 23

sientan solos, abandonados, oprimidos, sin salida, y esto da como resultado muchas veces la deserción escolar.

La **Didáctica no Parametral** cuenta con una **matriz epistémica** que parte de la realidad, como cimiento de donde emerge la historia del sujeto.

Los principios en los cuales se basa la Didáctica no Parametral son: la sujetividad y la historicidad.

La subjetividad, porque estudia las percepciones del individuo y sus relaciones con los otros.

La historicidad, en la que el sujeto se da cuenta de que toda actividad humana, es parte de su historia y de los otros. Esta historia no es una verdad última, si bien es instituida por los que tienen poder, se la puede cambiar de acuerdo a los intereses y necesidades de los educandos, no en el futuro sino ahora.

Esto implica que la historicidad toma en cuenta ciertos aspectos, como ser: la potencia, la dialéctica, la experiencia y la realidad.

La potencia, ya que el sujeto tiene la posibilidad de transformar cualitativamente su realidad y la de su familia.

La dialéctica, como articulación, cuyo proceso dialógico y crítico de la teoría permite hacer razonamientos frente a una realidad instituida mientras se construye un conocimiento nuevo.

La experiencia del sujeto y de otros para buscar consolidar criterios sobre la realidad circundante, a partir de la relación sujeto-sujeto, sujeto-instituciones sociales, sujeto-política y sujeto-comunidad.

La realidad, objeto de conocimiento en el que se desenvuelve el sujeto de la experiencia.

Todo lo anterior, en un constante devenir de apertura-cierre en la problematización de los fenómenos sociales y del sujeto histórico que los padece, en medio de tensiones sociales, regidas por procesos de dominación donde se imponen verdades; generan nuevos conocimientos en un proceso cíclico y dialéctico.

La Didáctica no Parametral, a través de la subjetividad busca la propia **reflexión** como puente para llegar a la problematización de la realidad siendo parte fundamental en la relación sujeto-sujeto. Es por eso, que nomina como violencia a esas formas de enseñanza en las que el sujeto se adueña de la **"verdad"** y el otro se convierte en **"depositario"** de esa verdad, sin saber por qué se aprende.

En un mundo de constantes cambios, los estudiantes también son parte de esas transformaciones, se vuelve más exigente en cuanto a lo que quiere y debe aprender. Atrás quedó el docente dueño de los conocimientos y el estudiante como receptor pasivo de los mismos. Por ello, la didáctica también debe someterse a ciertos cambios, como: **"El dejar de ilustrar para vivenciar"**.

La creencia de que el conocimiento no es algo que se crea sino que se recibe, hace que nos olvidemos de preguntarnos por **el mundo** a partir de lo que somos, y crear nuestras expectativas, en función de nuestras propias necesidades.

Al respecto, Zemelman afirma: "En la medida en que somos capaces de cuestionarnos frente al conocimiento asimilado, seremos capaces de percibir la anomalía, ya que, a la inversa, al no recibir la anomalía no podemos plantear preguntas nuevas y por lo tanto no podemos avanzar en el plano del conocimiento."

El **sujeto que aprende** es el protagonista del proceso educativo y no un objeto depositario de conocimientos o hechos.

Por tanto, la enseñanza debe abogar por el desarrollo integral del sujeto a nivel intelectual, social, moral y con la posibilidad de abarcar lo estético y lo creativo. Desde esa perspectiva el conocimiento y el individuo son vistos con posibilidades de cambio constante.

El docente debe comprender que su **rol** no solo es enseñar, sino también construir y formar a sus estudiantes, debido a que la

educación es una acción espontánea y natural de los sujetos. Asimismo, surge la didáctica, cuyo propósito es la búsqueda del aprendizaje; por ello, el maestro requiere reflexionar constantemente sobre cómo está llevando el proceso de construcción de conocimientos con sus estudiantes.

Este **educar sin parámetros** establecidos, lleva a inventar nuevos modelos acordes con los intereses y necesidades de la nueva sociedad. Para el investigador, la teoría es un instrumento, no un fin en sí mismo.

La importancia de la problematización de los fenómenos sociales y la resolución de esos problemas generan la construcción de nuevos conocimientos, que a su vez, promueven nuevos objetivos y nuevos sueños en los estudiantes. El educador debe ser sensible y esa sensibilidad solo se adquiere cuando se conoce y reconoce como ser humano, con la capacidad de transmitir, construir y transformar conocimientos.

Para Filloux: "El maestro formador es el que retorna sobre sí y reconoce que se ve reflejado en el otro, en el que se puede reconocer como sujeto".

En la Didáctica no Parametral, el examen, los conocimientos, las notas, no son parámetros de aprendizaje, sino la felicidad de los actores del proceso educativo.

CAPÍTULO XIX
LA DIDÁCTICA DEL FORO DEBATE FILOSÓFICO

Las estrategias metodológicas como el Foro Debate Filosófico, al igual que las grandes innovaciones metodológicas en educación, deben servir para formar integralmente a los estudiantes, desarrollando no en solo su espíritu crítico, sino también su espíritu de lucha, así como enseñarle a pensar.

En el caso del porqué lleva el denominativo de Foro Debate Filosófico, es porque el punto culminante de esta estrategia metodológica es el **FORO**, denominativo que en la Antigua Roma se le daba a la plaza que se encontraba entre el Capitolio y el Palatino, y que era el centro de la vida política, religiosa, comercial y jurídica, semejante al ágora griego. **DEBATE,** porque en esta estrategia, existen diferencias de criterios, hay confrontación de ideas que conducen al debate. **FILOSÓFICO**, porque hay la participación de diferentes filósofos (panelistas), que darán sus criterios filosóficos sobre un mismo problema social.

CRITERIO DEL AUTOR E IMPULSOR DE ESTA ESTRATEGIA METODOLÓGICA.

El profesor **Henry Manzano** considera, que parte del ciclo vital de los seres humanos es **producir**, que implica aportar a la comunidad con ideas, empresa, lucha, cura, estrategias metodológicas, modelos económicos, hijos, etc.

Eso, justamente, representa el **Foro Debate Filosófico**, un aporte a la comunidad, un aporte a la formación integral de los recursos humanos del país y cambiar de una vez, la forma clásica de enseñanza de la filosofía, no solo en educación regular, sino también en educación superior e incluso en cursos de post-grado, ya que la aplicación del FDF genera un aprendizaje significativo, desarrolla el espíritu crítico y de lucha en los estudiantes y les enseña a pensar. También desarrolla ciertas habilidades y capacidades en los educandos.

ETAPAS PREVIAS AL FORO DEBATE FILOSÓFICO.

La didáctica del FDF, tiene tres etapas previas, que son: los debates, las personificaciones y el congreso.

DEBATES

Para la realización de los debates, se sugerirá previamente y con anticipación temas como ser: la pena de muerte, las ideas del Che Guevara, papel de los medios de comunicación o cualquier tema de actualidad, que tenga posiciones encontradas, a favor y en contra.

Ya en clases, se formarán grupos de 5 o 6 estudiantes, los cuales deben presentar una nómina al profesor o facilitador. Los grupos deben ser siempre pares, dos, cuatro o seis, en función de esto se debe calcular el número de integrantes por grupo.

Una vez formados los grupos, se hace el sorteo correspondiente, para ver la posición de los grupos. Así por ejemplo: 1F, 3F y 5F estarán a favor y el 2C, 4C y 6C estarán en contra. Esto, si son seis grupos.

Una vez sorteado la posición del grupo, el profesor o facilitador explicará brevemente la temática que se abordará. Si se trabaja con adolescentes, también, se les debe advertir previamente que si intervienen en los debates, sin que su grupo se encuentre al frente, se les disminuirá puntaje a todo el grupo.

Se dará un tiempo de 20 a 25 minutos, para que a nivel de grupos, puedan trabajar sus argumentos, que pueden ser: familiares, psicológicos, sociales, religiosos, políticos, económicos, etc., asesorados por el profesor.

Una vez transcurrido los 20 o 25 minutos dados, todos los grupos saldrán al frente o a los extremos del curso, para que estos puedan socializar sus argumentos por el tiempo de 5 minutos.

Saldrán cada dos grupos, **uno a favor y otro en contra**. La participación de los dos grupos será previo sorteo.

Previamente se les informará que el grupo ganador tendrá 100 puntos o una nota elevada y el grupo perdedor solo 30 puntos, o lo que considere el profesor. Esto para motivarlos.

Terminada la socialización, cada grupo tendrá derecho a formular una pregunta al otro grupo; para destruir los argumentos del grupo rival, la pregunta debe ser agresiva y directa, debe tener la finalidad de arrinconar al grupo contrario.

El moderador que es el profesor o facilitador, moderará la participación de los grupos, hasta la contra respuesta. Habrá una pregunta, una respuesta y una contra respuesta; luego la discusión será fluida, ya no se necesitará pedir la palabra. El moderador solo intervendrá para decir: **"alto"**, ahora le toca preguntar al otro grupo. Se repite el procedimiento, habrá una pregunta, una respuesta, una contra respuesta y, por último, una discusión fluida, que terminará cuando el moderador diga: **"alto"**, un aplauso para los dos grupos.

El profesor es el que evalúa, pero esa nota debe ser hecha en reserva, porque la finalidad no es obtener una buena nota, sino desarrollar habilidades y capacidades de los estudiantes y mejorar su autoestima. La nota debe ser individual, pero también grupal.

PERSONIFICACIONES

La segunda etapa de la didáctica del Foro Debate Filosófico son las personificaciones, que se realizarán en un espacio abierto, patio o cancha, al aire libre. La personificación implica pensar, sentir, actuar e incluso vestir como el filósofo al que se está personificando. Los personificadores deben dar un discurso en primera persona, por el tiempo mínimo de 5 a 7 minutos aproximadamente.

Con previa anticipación, los estudiantes escogen personificar al filósofo que más les agrada; si no escogen, se les sortea o designa. Solo en el caso de algunas filósofas como Hipatia, Clara Zetkin, Simone de Beauvoir y la Madre Teresa, se sugiere que sean chicas o damas. En los demás casos, es indistinto que personifiquen chicas y chicos, a cualquier filósofo.

El solo hecho de personificar bien a un filósofo implica un rendimiento satisfactorio, implica la aprobación de ese módulo, bimestre o trimestre.

La personificación se lo debe realizar sobre una silla, salvo que algunos de los filósofos, por la línea de pensamiento que tienen, no quieran subirse a la silla, como es el caso de Nietzsche; en los demás casos, todos están obligados a dar su discurso sobre la silla.

Si el estudiante o participante no realiza satisfactoriamente su discurso, porque existen parámetros de evaluación (el tiempo mínimo de discurso, el dominio del pensamiento del filósofo que se personifica, la emotividad del discurso, los términos técnicos, la caracterización, entre otros), debe **volver** a repetir su discurso; dos veces como máximo.

EL CONGRESO

El Congreso se lo realiza en el aula; consiste en relacionar el pensamiento de uno o varios filósofos con un problema social determinado.

A esta clase los participantes o estudiantes entran con un 50 % de la nota y dependiendo de su participación, podrán elevar ese 50% a 80, 90, 95 y 100 por ciento.

En este Congreso se realizara una abstracción mental, relacionando la teoría de la filosofía con lo que pasa en la realidad. Es por eso que el profesor o facilitador plantea un problema social, se construye el concepto de ese problema social, para luego relacionarlo con el pensamiento de uno o varios

filósofos.

El profesor o facilitador pregunta: ¿con qué pensamiento filosófico relacionamos este problema social?, y los estudiantes

responderán: con Foucault, Maquiavelo, Marx, Reinaga, etc., y el docente preguntará: ¿por qué?, a lo que el estudiante responderá, relacionando el pensamiento de un filósofo con ese problema social. Esa participación debe ser **evaluada** por el docente.

FORO DEBATE FILOSÓFICO

Es la etapa culminante de la didáctica del Foro Debate Filosófico, que se realiza en espacios abiertos, no en el aula. Este FDF cuenta con invitados, panelistas, público y moderador.

En esta etapa, hay un moderador que señala el problema social que se abordará en el FDF, dará un breve concepto, para luego, dar la palabra a los invitados, que expondrán su posición sobre el problema social en cuestión, para luego dar la palabra a los panelistas, que expondrán sus criterios filosóficos sobre el problema social abordado; pero también, generarán polémica con los otros panelistas, ya que se busca el debate.

Cada invitado (trabajador, empresario, periodista, policía, etc.) tendrá un tiempo de 5 minutos como mínimo para exponer su posición frente al foro. En el caso de los panelistas, el tiempo mínimo de participación es de 5 a 7 minutos.

Terminada la primera ronda de intervenciones, habrá una segunda ronda de intervenciones de los panelistas (3 minutos), solo para responder a alusiones personales hechas.

Luego, se facilitará la intervención del público (5 minutos), que también es válido para la evaluación, siempre y cuando esta intervención utilice términos técnicos y dominio del tema.

Según **Henry Manzano**, en el Foro Debate Filosófico se puede abordar cualquier problema social, llámese el problema educativo, la trata y tráfico de personas, el papel de los medios de comunicación, la explotación laboral, entre otros. Con esta estrategia metodológica el aprendizaje se hace significativo, generando interés y sana preocupación en los estudiantes, que no quieren quedar mal con sus compañeros, ni mucho menos con los integrantes de la comunidad educativa u observadores ocasionales, ya que esta estrategia metodológica, no limita su accionar solo en el aula, sino que en la segunda etapa y el **FDF** es pública.

CAPÍTULO XX
EDUCACIÓN Y COLONIZACIÓN

Una revolución pedagógica tiene el propósito de producir una cultura de liberación ante cualquier forma de dominio. En la actualidad nuestros pueblos sufren una dominación, con la imposición del proyecto pedagógico de la modernidad y el capitalismo neoliberal. Bolivia es heredera de un sistema educativo, de la modernidad europea-norteamericana, desarrollada y mantenida durante el coloniaje y la república contemporánea.

La pedagogía moderna solo ha servido para difundir en la conciencia de nuestras generaciones, la idea de que solamente lo moderno, europeo y occidental es bueno, racional y superior, y que si queremos ser una nación moderna, debemos dejar de ser lo que somos, para aprender a ser, lo que no somos, es decir, aprender a ser como los europeos y norteamericanos. Por eso, el único saber que está contenido en la pedagogía moderna, es el saber moderno, su conocimiento, su historia y su cultura. Por eso mismo, las generaciones de jóvenes que se educan al interior de esta pedagogía, desarrollan una subjetividad moderna, fundada y centrada en el egoísmo, desarrollan una subjetividad egocéntrica preocupada solo en el desarrollo y bienestar de sí mismos y no así de la comunidad toda, ni de la naturaleza. Esta pedagogía moderna es destructora de nuestra identidad cultural e histórica de nuestros pueblos.

En nuestro país, la educación no debe cerrarse a lo que pasa dentro de las aulas, ni de la escuela o relación docentes-estudiantes, sino debe abrirse a las relaciones familiares, sociales, comunitarias, políticas y nacionales, donde también se dan procesos de enseñanza-aprendizaje, tanto o más importantes que aquellos que se dan al interior del aula. Estas relaciones de enseñanza-aprendizaje, también forman conciencias y subjetividades, ya sea de dominación o liberación.

Según Marx, la estructura (base económica) determina los procesos educativos, la política, la religión, la cultura, etc., que son parte de la superestructura, entonces existe una íntima relación, pero ¿Quiénes son los que determinan la estructura? La respuesta es, los que tienen poder.

La pedagogía de la liberación ya no piensa ingenuamente que la única forma de dominación es el capitalismo, sino que ahora extiende la crítica al fundamento del capitalismo, que es la modernidad euro-norteamericano-occidental. Ahora la crítica es hacia el proyecto pedagógico de la modernidad originado hace 500 años, porque nuestros pueblos sufren la dominación, no desde que son capitalistas, sino desde que llegaron los españoles a América, con sus instituciones educativas.

Según la obra cumbre de Rousseau: "Émile o de la educación", para educar al hijo-niño-pueblo (niños del pueblo) en el nuevo mundo, es necesario negar su tradición anterior (conocimientos, costumbres, cultura, religión, lengua, etc.), provenientes de la madre-cultura-popular14. Esta tarea de negar la tradición anterior es encomendada al Estado burgués, que sigue la línea pedagógica inglesa.

La pedagogía moderna quiere educar a un hijo-pueblo partiendo de la tabula rasa señalada por Rousseau, porque si tiene condicionamientos su tarea educativa tiene oposiciones que distorsionan su praxis dominadora. El niño- pueblo no debe tener familia, cultura ni historia, solo así podrá cumplir los fines educativos de la modernidad.

El padre-Estado ejerce dominio sobre el niño-pueblo, a través

---

14 DUSSEL, Enrique (2009). La pedagógica Latinoamericana. Bolivia. Pág. 74

de los profesores (obligados bajo amenaza de sanciones) que sustituyen al Estado-burgués en el proceso de enseñanza-aprendizaje o proceso de alienación.

Aquí verdaderamente se produce no solo un contrato social o político, sino fundamentalmente un contrato pedagógico. El Estado, se arroga ahora la educación del hijo, ante el cual la familia y la cultura popular nada tendrán que decir, ni enseñar. Así nace la institución pedagógica moderna, que genera dependencia cultural, que surge en el mismo momento en que los españoles pisaron el Abya Yala y, luego, los portugueses, los holandeses, los ingleses, los franceses y los norteamericanos.

Los antecedentes de esta dependencia cultural, surge con el principio filosófico de Descartes, el "cogito, ergo sum" (pienso, luego existo), que implicaba en su momento que los europeos eran los únicos pensantes, y que por esa misma razón, creían tener el derecho de conquistar a los demás, a los barbaros, a los incivilizados, es decir, al indio, al africano y al asiático; entes construidos desde la comprensión cultural del ser europeo. Por esto, Fernández Oviedo, se pregunta: "¿Son los indios hombres?" y responde: "Si, los indios son animales racionales, pero se han puesto bestiales por sus costumbres, ser bestia es no –ser hombre. Y entonces, es un rudo al que hay que educar". Y educar, es formarlos bajo los parámetros y valores aceptados por la civilización europea. Es por eso, que al indio se le enseñó el catecismo de Trento y, a la larga, el castellano, porque es el otro al que hay que educar.

Al indio se le impone una cultura particular, que es la europea, que pretende ser universal, negando valor a otras particularidades. Este universalismo que es una particularidad, abusivamente niega todos los otros particularismos y exterioridad de las otras culturas. Surge así el mecanismo pedagógico de la dominación cultural, del Centro hacia la Periferia, del Imperio hacia las colonias, formadas por élites colonizadas y el pueblo.

En los condenados de la Tierra se muestra todo el proceso de educación de una élite colonial y de una cultura ilustrada que se va reproduciendo entre ellos. Al respecto Sartre, señala: "La élite europea se dedicó a fabricar una élite indígena; se seleccionaron adolescentes, se les marco en la frente, con hierro candente, los principios de la cultura occidental, se les introdujeron en la boca mordazas sonoras, grandes palabras pastosas que se adherían a los dientes; tras una breve estancia en las grandes metrópolis, se les regresaba a su país, falsificados. Esas mentiras vivientes no tenían ya nada que decir a sus hermanos; eran un eco, de Paris, Londres, Ámsterdam y posteriormente Nueva York. Habían perdido su identidad, cultura e historia, y más al contrario defendían a ultranza el proyecto de la modernidad occidental.

Estos jóvenes fueron pedagógicamente educados en la desvalorización de la cultura popular propia. Existiendo una imposición cultural externa, del imperio a las élites y de las élites hacia el pueblo, por medio de las escuelas, que son centros de alienación y de imposición de verdades.

CAPÍTULO XXI

WARISATA Y SU ROL REVOLUCIONARIO

La creación de la escuela de Warisata no fue un hecho aislado en el continente. Durante la primera mitad del siglo XX, los pueblos indígenas lucharon ardorosamente por conseguir escuelas para sus niños. En una época en que dominaba el gamonalismo en el campo, hubo líderes y maestros indígenas que sufrieron persecución y amedrentamiento por el solo hecho de fundar una escuela o gestionar la creación de un centro escolar. Uno de estos líderes fue Avelino Siñani, que aprendió a leer y escribir a ocultas del hacendado y se propuso compartir ese saber con los niños aymaras de su comunidad en una humilde escuela que él mismo creó en 1919. Años más tarde, Siñani conoció al profesor Elizardo Pérez, que había sido enviado por el gobierno boliviano para trabajar en la región; unidos por una misma visión, comenzaron la tarea de construir una escuela en Warisata, que se concretó el 2 de agosto de 1931.

La Escuela de Warisata era la casa de los desheredados, de los pobres, de los explotados, de los indios, símbolo vivo de la lucha por la justicia y la libertad, emblema de todas las antiguas rebeldías del indio, jamás extinguidas. En esta escuela, el indio era un ser humano, y aunque no se hubiera resuelto aún el problema de la servidumbre, ellos ya eran hombres libres en la más plena acepción de la palabra.

La Escuela Ayllu de Warisata, surgió como resistencia comunitaria-filosófica a varios siglos de explotación colonialista que se ejercía y se ejerce actualmente contra los pueblos indígenas originarios, que siempre han entendido, de dónde venimos, que estamos haciendo y a donde vamos, a partir del reconocimiento de sí mismos como identidad cultural auténtica y de la importancia de vivir en armonía y equilibrio con la naturaleza.

Por eso, el trabajo pedagógico en la Escuela Ayllu estaba en reciprocidad con la comunidad y la naturaleza a través de las labores agropecuarias y los talleres, concibiendo así una "escuela productiva" bajo la trilogía: estudio, trabajo y producción.

La Escuela de Warisata, rescató y revitalizó viejas instituciones precolombinas como el ayni, la minka, la jayma, la sayaña y la aynoka; así como la trilogía ética del "ama sua, ama llulla y ama quella"(no seas ladrón, no seas mentiroso, no seas flojo). No se trataba de crear en el agro boliviano, escuelas alfabetizadoras con la meta del silabario y del intelectualismo vano. Se trataba de imponer escuelas activas, dotadas de talleres, internados, campos de cultivo, semillas, ganado, biblioteca, material sanitario, hornos para ladrillos y demás instrumentos de trabajo, que forjen al "nuevo indio".

Esta escuela sobrepasó los sueños más audaces de la pedagogía de occidente, por esa razón, no podía ser admitida en una sociedad basada en la servidumbre, la injusticia y la opresión.

Si bien en México y otros países del continente americano se admiraba los avances en educación realizados en Bolivia, en la patria de origen, tras la caída del presidente German Busch, la oligarquía minero-feudal, arremete contra la Escuela de Warisata y sus núcleos escolares, tildándolas de "comunistas y explotadoras del indio"(1940). Se destituyen a los directores, las escuelas son saqueadas y sus estudiantes perseguidos. Lo más atroz sucedió en el núcleo escolar de Casarabe, donde trescientos educandos fueron asesinados aduciendo que las escuelas eran células comunistas.

Para esta oligarquía minero-feudal, la Escuela de Warisata representaba un peligro para sus intereses de poder, porque consideraban que "un indio letrado era un indio alzado".

La Escuela de Warisata llegó a tener un personal de 54

personas, no solo profesores sino también maestros de labores productivas, músicos, poetas y escritores. Uno de ellos, fue el escritor puneño Arturo Peralta, más conocido por el seudónimo de "Gamaliel Churata". Se convirtió en núcleo escolar conformado en un inicio por 3 escuelas seccionales, dos unidocentes y una polidocente. Años después, el número de escuelas integrantes del núcleo Warisata se elevó a 33.

La administración de la Escuela Ayllu de Warisata, estuvo a cargo del parlamento amauta, constituido por autoridades comunales, docentes y estudiantes15.

Esta escuela se desarrolló bajo los siguientes fundamentos:

En el político, fue anti-feudal y anti-imperialista que buscó la liberación de las masas indígenas de Bolivia, luchando contra el régimen de la servidumbre.

En lo sociológico, se constituyó en una escuela socialista y/o colectivista donde se practicó el ayni, la minka, la sayaña y la aynoka.

En lo económico, fue una escuela productiva, desarrolló la enseñanza de la agricultura y la ganadería. También se implementó talleres de carpintería, alfarería, tejidos y otros, que fueron fuente de auto sostenimiento.

En lo pedagógico, fue una escuela única, laica y bilingüe.

En lo cultural, promovió el amor por la música, el teatro, la literatura y lo plástico.

En lo filosófico, todo su accionar estaba en función de la trilogía ética del ama sua, ama llulla y ama quella.

---

15 SALAZAR, Carlos (1997). Warisata Mia. Bolivia. Pág. 245.

La Escuela Ayllu está unida al nombre del Tata Santiago Poma, aymara de la legendaria Achacachi, quien a fines del siglo XIX, quiso levantar una escuela en su comunidad, por eso fue apresado y conducido a la cárcel, arrastrado por los caballos de los soldados, flagelado, torturado y encarcelado por tres años; fue perseguido, su propiedad robada y su familia hostigada. ¡Delito tremendo para un indio en Bolivia, anhelar su propia educación! Ya anciano Poma tuvo fuerzas para ayudar en la construcción de la Escuela de Warisata y dejó un mensaje que debe ser recordado: "Hace tiempo alcancé a levantar una pequeña escuela para los niños de la comunidad. Este acto, fue interpretado como un incalificable delito, y un día, con otros compañeros más, fui conducido a la cárcel de la capital, atado a la cola de los caballos que montaban los soldados. Mientras tanto, impunemente, las barretas de los opresores se encargaban de consumar su obra destructora. El edificio de la escuela fue demolido. Llegado a la cárcel el fiscal me hizo flagelar y luego dispuso mi encarcelamiento que duró tres años". Hoy me hallo reducido a la condición de colono, que quiere decir esclavo. Esta Escuela de Warisata, objeto de nuestras preocupaciones y desvelos, es de los indios, y yo, tomo posesión de ella en nombre de nuestros abuelos".

Warisata también lleva los sueños y la lucha de Avelino Siñani quien dió su vida por la construcción de la educación aymara, razón por la cual, fue perseguido con saña por la Bolivia criolla. Su hijo de 18 años fue maltratado hasta ser muerto y su hermano apresado. Cuando Warisata fue destruida el Tata Siñani se murió de pena (1941), claro antes fue perseguido, encarcelado y torturado.

BIBLIOGRAFÍA DE APOYO

ADORNO, Theodor. Educación para la emancipación. Ediciones Morata. Madrid-España 1970.

AVANZINI, Guy. El fracaso escolar. Editorial Herder. Barcelona
- España 1985.

BAPTISTA, Mariano. Salvemos a Bolivia de la Escuela. Editorial Los Amigos del Libro. La Paz - Bolivia 1971.

BAPTISTA, Mariano. La Educación como Forma de Suicidio Nacional. Ediciones Camarlinghi. La Paz - Bolivia 1973.

DUSSEL, Enrique. La pedagógica Latinoamericana. Editorial Instituto de estudios bolivianos. La Paz-Bolivia 2009.

FILLOUX, Jean Claude. Intersubjetividad y formación. Editorial Centro de publicaciones Educativas, Buenos Aires-Argentina 2004.

FOUCAULT, Michel. Las palabras y las cosas. Una arqueología de las ciencias humanas. Editorial Siglo XXI. Buenos Aires-Argentina 1966.

FRANCOVICH, Guillermo. Supay. Editorial Gonzales. Sucre-Bolivia 1961.

FREIRE, Paulo. Pedagogía del Oprimido. Editorial Tierra Nueva. Montevideo-Uruguay 1970.

GALEANO, Eduardo. Patas arriba. La Escuela del Mundo al Revés. Editorial Rosgal S.A., Montevideo-Uruguay 2012.

GRISALES, Luz. ZULUAGA, Diana. Didáctica No Parametral. Editorial Plumilla Educativa. Manizales-Colombia 2018.

HOLT, John. El fracaso de la escuela. Editorial Alianza. Madrid
- España 1987.

LARA, Francisco. Compensar educando. Editorial Popular. Madrid - España 1991.

MANZANO, Henry. Filosofía Interpretada y Revolucionaria. Editorial Colecciones Culturales Editores Impresores. La Paz - Bolivia 2015.

MANZANO, Henry. ¿Hijos o enemigos?. Editorial Colecciones Culturales Editores Impresores. La Paz - Bolivia 2015.

MARTÍNEZ, Enrique. Cachorros de nadie. Editorial Popular. Madrid - España 1991.

MATURANA, Humberto. La Realidad: ¿Objetiva o construida? Editorial Anthropos. Santiago-Chile 1997.

MORA, Francisco. Neuroeducación, solo se puede aprender aquello que se ama Editorial Alianza. Madrid - España 2013.

MORIN, Edgar. Los siete saberes necesarios para la educación del futuro. Editorial Lozada. Madrid-España 2000.

NEILL, Alexander. Maestros Problema y los Problemas del Maestro. Editores Mexicanos Unidos S.A. México 1978.

RAMIREZ, Marcel. En el Umbral de un Nuevo Siglo. Editorial Torrez. La Paz-Bolivia 2009.

SALAZAR, Carlos. Warisata Mia. Editorial El condor boliviano. La Paz-Bolivia 1997.

SOZA, Jorge Luis. El Discurso de la Cosmovisión Andina. Editorial Gráfica Book. La Paz-Bolivia 2009.

TAMAYO, Franz. Creación de la Pedagogía Nacional. Ministerio de Educación. La Paz-Bolivia, 1944.

VELASQUEZ, Julio. Cuestiones Sobre el Poder Político. Editorial Instituto de Investigaciones en Ciencia Política. La Paz - Bolivia 2015.

ZAVALETA, René. El Desarrollo de la Conciencia Nacional. Editorial Los Amigos del Libro. La Paz - Bolivia 2015.

ÍNDICE

CAPÍTULO I
EL SUPAY...9
CAPÍTULO II
LA ESCUELA UNIVERSAL 12
CAPÍTULO III
LA EDUCACIÓN EN UN MUNDO GLOBALIZADO 17
CAPÍTULO IV
EL MAESTRO Y EL ESTADO 20
CAPÍTULO V
LA ESCUELA COMO MEDIO DE IMPOSICIÓN DE
VERDADES...24
CAPÍTULO VI
PROSTITUCIÓN INTELECTUAL 27
CAPÍTULO VII
LA PEDAGOGÍA DEL MIEDO...31
CAPÍTULO VIII
SIN EMANCIPACIÓN NO HAY EDUCACIÓN 35
CAPÍTULO IX
EL FRACASO DE ESCUELA...40
CAPÍTULO X
EL ASESINATO DEL INDIO EN LA ESCUELA.................43
CAPÍTULO XI
EL GIGANTE DORMIDO...48
CAPÍTULO XII
UNA EDUCACIÓN POCO CIENTÍFICA Y RETRÓGRADA 52
CAPÍTULO XIII
FALTA DE COMPLEMENTARIEDAD ENTRE LA
EDUCACIÓN
REGULAR Y LA EDUCACIÓN SUPERIOR 60
CAPÍTULO XIV
LOS GRANDES GASTOS DE NUESTRA ESCUELA 65

CAPÍTULO XV
CARTA ABIERTA A PROFESORES..70
CAPÍTULO XVI
LA PROPUESTA JAPONESA 74
CAPÍTULO XVII
NEUROEDUCACIÓN Y EL PAPEL DE LA ESCUELA 79
CAPÍTULO XVIII
DIDÁCTICA NO PARAMETRAL...84
CAPÍTULO XIX
DIDÁCTICA DEL FORO DEBATE FILOSÓFICO 90
CAPÍTULO XX
EDUCACIÓN Y COLONIZACIÓN...................................…....97
CAPÍTULO XXI
WARISATA Y SU ROL REVOLUCIONARIO...................….......102

La presente obra:
"¿Cuándo la escuela no sirve?"
del Prof. HENRY MANZANO.
en su SEGUNDA EDICIÓN
se terminó de imprimir en el mes de ABRIL de 2019,
en los talleres gráficos de
Colecciones Culturales Editores Impresores
La Paz - Bolivia